Eva Wlodarek

SOUVERÄN ICH SELBST

So gewinnen Frauen Sicherheit und Stärke

EVA WLODAREK

SOUVERÄN ICH SELBST

So gewinnen Frauen
Sicherheit und Stärke

dtv

FSC
www.fsc.org
MIX
Papier | Fördert gute Waldnutzung
FSC® C083411

Originalausgabe

Umschlaggestaltung: buxdesign | Ruth Botzenhardt
Gesetzt aus der Scala Serif
Satz: Uhl + Massopust, Aalen
Druck und Bindung: CPI books GmbH, Leck
Printed in Germany · ISBN 978-3-423-26345-0

INHALT

VORWORT

Liebe Leserin, liebe Freundin,

Sie haben in Ihrem Leben schon einiges bewältigt und wissen durchaus, wer Sie sind. Aber gewiss gibt es auch für Sie – wie bei jeder von uns – Situationen, in denen Sie sich mehr Souveränität wünschen. Ich bin sicher, alles, was Sie dazu brauchen, steckt bereits in Ihnen. Doch damit es sich zeigt, benötigen Sie ein Navigationssystem. Sonst haben Sie zwar ein gutes Ziel, aber wissen nicht so recht, wie Sie dahin kommen sollen. Versuch und Irrtum sind nicht nur frustrierend, sondern dauern einfach zu lange.

Ich habe im Laufe vieler Jahre die wirkungsvollsten Strategien gesammelt, die man für mehr Souveränität, Sicherheit und Stärke benötigt. Oft habe ich sie erfolgreich an Klientinnen und Seminarteilnehmerinnen weitergegeben sowie selbst angewandt. Hiermit lege ich Ihnen dazu mein »Best-of« in die Hände. Das Besondere ist, dass es sich um ein Rundum-Paket handelt, mit den Bereichen Denken, Fühlen, Handeln, Sprechen, Auftreten und Sichdurchsetzen. Sie können das Buch als komplettes Programm für Ihre Souveränität anwenden und von Anfang bis Ende durchgehen. Dazu ist es Schritt für Schritt aufgebaut. Genauso gut lässt es sich als Handbuch nutzen, weil jeder Teil in sich abgeschlossen ist. In dem Fall suchen Sie sich einfach den Bereich heraus, der Sie am meisten interessiert oder der gerade in Ihrem Leben aktuell ist.

Schon das Lesen wird Ihnen Schwung und neue Ideen geben. Doch den größten Gewinn haben Sie, wenn Sie mit dem Buch arbeiten. Durch bloßes Lesen von Rezepten hat schließlich noch niemand sterneverdächtig gekocht. Das verlangt Praxis. Souveränität gewinnen Sie, indem Sie das Know-how konsequent umsetzen. Dazu wünsche ich Ihnen viel Vergnügen und Erfolg. Ich bin an Ihrer Seite!

Herzlichst

Ihre Eva Wlodarek

EINFÜHRUNG: WAS HEISST HIER »SOUVERÄN«?

Lassen Sie einmal vor Ihrem inneren Auge das Bild einer souveränen Frau entstehen. Ich vermute, es sieht so oder ähnlich aus: Sie ist jederzeit Herrin der Lage und hat alles im Griff. Gelassen reagiert sie auf die vielfältigen Herausforderungen des Alltags und handelt stets überlegt. Im Umgang mit anderen gibt sie sich keine Blöße, tritt selbstbewusst und professionell auf.

Diese Beschreibung ist reizvoll. Wer von uns wäre nicht gerne so sicher? Sie hat nur einen Fehler: Souveränität in einer perfekten Form ist künstlich. Würde mir diese Frau begegnen, wäre ich misstrauisch. Ich hätte die Vermutung, dass es sich um eine Fassade handelt, hinter der sich in Wahrheit Unsicherheit und Versagensängste verbergen.

Wirklich souverän zu sein bedeutet nicht, möglichst keine Schwäche zu zeigen und jeder Lage gewachsen zu sein. Diesem Ideal nachzustreben, würde uns nur verkrampfen und vielleicht sogar arrogant und selbstherrlich machen. Echte Souveränität ist menschlich und lebendig. Dazu gehört, dass wir gelegentlich schüchtern, unsicher oder konfliktscheu sind. Dass wir Fehler machen und uns auch mal kräftig blamieren. Ein passendes Symbol für die Souveränität, von der hier die Rede sein soll, bietet eine Stehauffigur. Wenn man sie heftig anstößt, gerät sie aus der Balance. Aber sie besitzt einen stabilen Kern, der sie kurz darauf in die aufrechte Position zurückbringt. Natürlich kann es Ihnen passieren, dass Sie vorübergehend aus dem Gleichgewicht geraten. Doch dann finden Sie wieder zu sich selbst.

Souveränität beginnt im Innern

Wahre Souveränität beruht zuallererst auf einer positiven Einstellung zur eigenen Person. Machen Sie dazu doch gleich einmal einen kleinen Test. Stellen Sie sich vor einen Spiegel, schauen Sie sich in die Augen und sagen Sie laut: »Ich bin großartig«.

Lassen Sie mich raten, wie es Ihnen gerade dabei ging. Wahrscheinlich haben Sie gedacht: »Das ist aber schwer übertrieben«, »Na ja, ich bin ziemlich gut – aber großartig?« oder »So ein Unsinn. Wieder eine dieser Psycho-Übungen«. Kurz, es kam bei Ihnen leider nicht als Wahrheit an? Dann willkommen im Club.

Die Chefredakteurin der amerikanischen Ausgabe der Zeitschrift *Elle* richtete vor einiger Zeit ein Dinner für erfolgreiche Frauen aus der Fernsehbranche aus. Bevor das Essen serviert wurde, begrüßte die Chefredakteurin jede Einzelne von ihnen und ging auf ihre beeindruckenden Verdienste ein. Man sollte nun meinen, die Damen hätten sich geschmeichelt zurückgelehnt und die Lobrede genossen. Tatsächlich zeigten sie ohne Ausnahme die gleiche Reaktion: Mit gesenktem Blick oder verlegenem Lachen wehrten sie die lobenden Worte und den Applaus ab. Was sie da über sich hörten, konnte doch gar nicht wahr sein, irgendwie saßen sie nur durch Zufall dort.

Diese persönliche Erfahrung beschreibt Shonda Rhimes, Erfinderin der Kultserie *Grey's Anatomy* und eine der Eingeladenen. Sie wundert sich: »Keine einzige Frau im Saal konnte es ertragen, wenn man ihr sagte: ›Du bist großartig.‹ Das galt auch für mich. Was zur Hölle stimmt denn nicht mit uns?«

Mir ist das nicht neu. In Seminaren und Coachings lerne ich häufig Frauen kennen, bei denen von außen betrachtet garantiert keiner vermuten würde, dass sie sich unsicher fühlen. Sie sind tüchtig im Job und machen Karriere. Sie schmeißen den Haushalt und ziehen Kinder groß. Sie flirten mit einem Mann, der ihnen gefällt, plaudern auf Events locker mit Unbekannten und fahren allein in Urlaub. Aber in ihrem Innern sieht es oft anders aus. Viele Frauen leiden unter dem »Hochstapler-Syndrom«. Ihnen fehlt grundlegend das Vertrauen zu sich selbst. Dieses Gefühl ist oft mit dem Gedanken verbunden: »Wenn die anderen wüssten, wie ich wirklich bin, wie wenig ich kann oder weiß ...« Was immer sie bisher in ihrem Leben erreicht haben, führen sie eher auf glückliche Zufälle und das Wohlwollen ihrer Umgebung zurück. Oder auf ihr schauspielerisches Talent. Sie sind davon überzeugt, dass sie wie eine Hochstaplerin ihre Fähigkeiten nur vortäuschen, und glauben nicht, dass sie wirklich gut sind, geschweige denn großartig.

Wir alle weisen in dieser Hinsicht Defizite auf, allein deshalb, weil wir Frauen sind. Trotz aller Emanzipation führt unsere Erziehung immer noch weit weniger als die der Männer dazu, unser Selbstbewusstsein zu stärken. Egal wie attraktiv, klug und tüchtig wir sind, wir haben von Kindesbeinen an verinnerlicht, dass es nicht ausreicht. Wir müssen uns immer noch mehr anstrengen, bevor wir endlich mit uns zufrieden sind oder uns gar auf unseren Lorbeeren ausruhen dürfen. Wir hängen unsere Ziele so hoch, dass wir sie nur mit äußerster Anstrengung oder gar nicht erreichen können. Das gilt im Kleinen wie im Großen. Wenn wir wahrhaft souverän sein wollen, dann müssen wir hier ansetzen, bei unserem Denken und Fühlen. Wie wäre es also damit, dass Sie beginnen, sich als großartig anzusehen? Dafür gibt es nämlich mit Sicherheit Anhaltspunkte.

Sich selbstsicher zeigen – den Code kennen

Die innere Haltung allein reicht aber nicht. Sie braucht auch passende Ausdrucksformen, denn Souveränität zeigt sich im Umgang mit anderen. Für viele zwischenmenschliche Situationen gibt es in unserer Gesellschaft Regeln und Signale. Sie reichen von der Körpersprache bis zur Wortwahl. Diese Codes sollten wir kennen und beachten, um von anderen als souverän wahrgenommen zu werden. Auch hier sind wir im Vergleich zu den Männern im Nachteil. Wir haben gelernt, unsere Qualitäten herunterzuspielen. Schauen Sie sich um, Sie werden ständig Beispiele dafür finden. Dies sind zwei, die mir typisch erscheinen:

Ich bin zum Jubiläum einer karitativen Einrichtung eingeladen. Wie üblich werden zu Beginn Grußworte überbracht, unter anderem von einer Frau. Bei dem Amt, das sie bekleidet, muss sie bestimmt kompetent und tüchtig sein. Ihr Grußwort leitet sie so ein: »Meine Damen und Herren, es tut mir leid, dass Sie jetzt gezwungen sind, mir zuzuhören, anstatt draußen das herrliche Wetter zu genießen ...«

Den nächsten Beitrag dieser Art höre ich wenig später im Radio. Es wird ein großer Musikwettbewerb übertragen. Eine hochrangige Schirmherrin eröffnet ihn. Ihre Rede beendet sie mit den Worten: »Nun will ich Sie aber nicht länger mit meinen Ausführungen langweilen. Ich wünsche Ihnen viel Freude an der Musik.«

Gewiss fallen auch Ihnen zahlreiche Situationen dieser Art ein. Es liegt auf der Hand, dass es bei den Erscheinungsformen für unsere Souveränität ebenfalls einiges zu tun gibt. Wir müssen wissen, wie wir sicher auftreten und uns durchsetzen.

Das klingt nach Arbeit? Stimmt, von nichts kommt nichts. Und es gibt genug zu tun, auch wenn wir keinem falschen Ideal nachjagen. Aber ich verspreche Ihnen: Das werden aufregende und wunderbare Zeiten. Mehr Souveränität erlangen Sie nämlich nicht erst am Ende des Weges, sondern schon mit dem ersten Schritt. Sie werden bald merken, wie sich Ihr Leben positiv verändert: Plötzlich sind Sie für andere Menschen anziehender. Sie erhalten Respekt von Frauen und Männern. In der Partnerschaft sind Sie auf Augenhöhe. Im Beruf traut man Ihnen mehr zu. Neue Möglichkeiten erschließen sich Ihnen.

Natürlich schreiten Sie nicht immer nur lächelnd von Sieg zu Sieg. Manchmal werden Sie bei Ihrem Training für mehr Souveränität auch auf die Nase fallen. Das macht nichts. Dann hat Sie hoffentlich die Lust an der Veränderung schon so gepackt, dass Sie aufstehen, die Krone richten und weitermachen. Kritisieren Sie sich nicht, geben Sie nicht auf, es lohnt sich. Denn Ihr Bemühen um mehr Souveränität führt Sie zu dem einmaligen Menschen, der Sie wirklich sind und den Sie ab jetzt in seiner ganzen Stärke und Schönheit zeigen. Dafür ist es nie zu spät!

UNSERE VERGANGENHEIT – LAST UND GESCHENK

Zuerst die gute Nachricht: Sie sind von Hause aus selbstsicher. Als Sie geboren wurden, hatten Sie damit überhaupt kein Problem: Wenn Sie hungrig waren, ließen Sie das Ihre Umgebung lautstark wissen. Beim Laufen- und Sprechenlernen zeigten Sie keine Versagensängste. Ihnen war auch völlig egal, ob Sie ein Dickerchen waren. So sind Sie seinerzeit ins Leben gestartet. Doch leider entfernen wir uns alle im Laufe der Zeit von diesem machtvollen Zustand – je stärker die verunsichernden Einflüsse in unserer Umgebung sind, desto weiter. Die Bindungsforschung belegt, dass die ersten Lebensjahre für die Ausreifung unseres »sozialen Gehirns« entscheidend sind. Durch die Art, wie unsere Bezugspersonen mit uns umgehen, lernen wir, wie wir uns verhalten sollen. Sie vermitteln uns grundlegende soziale Kompetenzen, fördern und versorgen uns, schränken uns aber gleichzeitig ein. Ich möchte hier nun nicht das beliebte Klagelied anstimmen: »Die Eltern sind an allem schuld.« Aber wie für uns alle gilt auch für Sie: Sie sind in puncto Selbstsicherheit geprägt worden, eventuell auch zu Ihren Ungunsten. Ob Sie das unbewusst verinnerlicht haben oder dagegen rebellieren – Sie sind nicht wirklich frei. Zwar steckt alles in Ihnen, was Sie für ein souveränes Verhalten brauchen, aber es ist überdeckt von Zweifeln, Ängsten, Gewohnheiten und allem Negativen, das Sie im Laufe von Kindheit und Jugend erlebt und verinnerlicht haben. Als Psychologin habe ich lange geglaubt, dass wir mehr oder minder lebenslänglich damit beschäftigt sind, die Verletzungen und Verformungen der frühen Jahre zu überwinden. Und wenn wir endlich das meiste geschafft haben, dann sind wir alt und grau. Was für ein unsinniges System. Inzwischen beurteile ich das anders: Unsere frühen Erfahrungen sind das Material, mit dem wir arbeiten müssen, um die zu werden, die wir von unseren Anlagen her sind. Wir können uns nicht aus dem Nichts heraus entfalten, sondern brauchen dazu Reibung. So wie ein Baum Wurzeln in die Erde treibt, damit ihn nicht der nächste Sturm umpustet, werden wir immer stärker, indem wir an unseren erworbenen Themen arbeiten – etwa dass es uns schwerfällt, Grenzen zu setzen, oder dass wir uns zu sehr anpassen. Bewältigen wir diese Herausforderungen nicht, tauchen sie als Trigger, als auslösende Reize, immer wieder durch äußere Umstände auf, quälen und bremsen uns. Doch wenn wir lernen, bewusst damit umzugehen, macht genau das unsere Reife und Erfahrung aus.

Aus diesem Grund möchte ich Ihnen zum Start mögliche frühe Einflüsse bewusst machen. Sie werden Ihnen auch im Laufe der einzelnen Kapitel immer wieder begegnen. Manche davon haben Sie verinnerlicht. Vergessen Sie bitte nicht: Es sind Ihre Wurzeln und Ihr Material zur positiven Veränderung.

Elemente der elterlichen Einflüsse

Im Folgenden stelle ich Ihnen typische Beeinflussungen vor, denen Sie – wie wir alle – im Laufe Ihrer Kindheit und Jugend ausgesetzt waren. Mit »elterlichen« Einflüssen sind hier auch Alleinerziehende, Großeltern oder andere Menschen, bei denen Sie aufgewachsen sind, gemeint. Lassen Sie die Beschreibungen auf sich wirken und versuchen Sie, diese mit Ihren individuellen Erfahrungen zu füllen. Nehmen Sie sich die Zeit, das schriftlich zu tun.

Eltern sind Rollenvorbilder – was haben Sie kopiert?

Sie haben sich von Ihren Nächsten abgeschaut, wie man sich im Umgang mit anderen Menschen verhält. Wenn Ihre Mutter ängstlich war oder Ihr Vater immer zu allem Ja und Amen sagte, wenn ein Elternteil niemals Forderungen stellte oder Ungerechtigkeiten schweigend hinnahm, dann beeinflusst das vermutlich bis heute Ihre Selbstsicherheit. Auch übermäßige Anpassung an die Umgebung und Kuschen vor Autoritäten wirken sich aus. Wie bei Anette, deren Vater gläubig allem zustimmte, was seine Ärzte ihm empfahlen: »Die wissen doch, was sie tun.« Mit der Folge, dass bei ihm eine unnötige Operation vorgenommen wurde.

Eltern geben Überzeugungen weiter – was glauben Sie bis heute?

Durch ihre eigenen Überzeugungen haben Ihre Eltern Ihnen Botschaften mit Langzeitwirkung vermittelt. Sie haben Ihnen die Einstellung zu Geld, Liebe und Freundschaft weitergegeben. Vielleicht haben Sie gelernt, dass man niemandem trauen kann oder dass man für seine Arbeit kaum Geld verlangen darf. Bei vielen Frauen in sozialen Berufen ist das so. Weltanschauung und moralische Vorstellungen spielen ebenfalls eine Rolle. Möglicherweise hat man bei Ihnen daheim auf »die da oben« geschimpft, Sexualität wurde als etwas Schlechtes betrachtet oder es war selbstverständlich, dass nur Leistung zählte. Damit wurden Ihnen Grenzen vorgegeben.

Eltern lehnen bestimmte Gefühle ab – was müssen Sie verbergen?

In jeder Familie gibt es »Dos« und »Don'ts« bezogen auf Gefühle. So lernten Sie, was man zeigen darf und was nicht. Für Lisas Eltern war Kummer inakzeptabel. Wenn die kleine Lisa traurig war, dann drückte ihre Mutter ihr ein Wischtuch in die Hand und sagte: »Mach nicht so ein Gesicht, tu lieber etwas Nützliches.« Mit Sicherheit gab es auch bei Ihnen gefühlsmäßige Tabus. Vielleicht durften Sie keinen Stolz auf einen Erfolg zeigen. Oder negativ angesehene Gefühle wie Wut und Ärger wurden sanktioniert, aber eventuell gab es auch keinen Raum für den Ausdruck positiver Emotionen wie Liebesbezeigungen und Zärtlichkeiten.

Eltern prägen mit Familiensprüchen – was wiederholen Sie?

Eine Redewendung ist oft einprägsamer als eine lange Ansprache. Gab es in Ihrer Familie Sprüche, die eine feste Meinung auf den Punkt brachten? Vielleicht wuchsen Sie mit Sprüchen auf, die Leistung betonen, wie »Geht nicht gibts nicht!« Auch Misstrauen und Ängste lassen sich mit einer Kurzform schüren, etwa: »Freu dich nur nicht zu früh.« Sätze wie »Nur die Harten kommen in den Garten« weisen auf eine strikte Erziehung hin. Und wenn es geheißen hat »Das Leben ist kein Wunschkonzert«, dann war gewiss wenig Platz für eigene Sehnsüchte.

Eltern haben Erwartungen – wie sollten Sie sein?

Die meisten Eltern haben eine Vorstellung davon, wie sich ihr Kind idealerweise verhalten soll. Wie das aussieht, hängt von ihren eigenen Werten ab. Es soll etwa mutig, sportlich, beliebt oder kreativ sein. Auch die berühmte »Eislaufmutter« passt in dieses Schema: Die Tochter verwirklicht, was der Mutter verwehrt geblieben ist. Oder es geht um Gehorsam, Frömmigkeit, technisches Verständnis, handwerkliches Geschick, Sauberkeit oder Ordnungsliebe. Wenn Sie die Hoffnungen nicht erfüllten, hatten Sie gewiss einen schweren Stand. Sie spürten die Enttäuschung, dass Sie nicht so geraten waren, wie es Ihre Eltern sich gewünscht hätten.

Eltern verletzen bewusst oder unbewusst – was schmerzt noch immer?

Noch gravierender wirken sich Kränkungen, seelische und körperliche Verletzungen aus. Sie reichen von Hänseleien und subtiler Ablehnung bis zu physischer Gewalt und Missbrauch. Als Kinder können wir nicht einschätzen, warum uns etwas geschieht. Wir sind dazu weder von unserer Entwicklung noch von unserem Wissensstand her in der Lage. Weil Kinder die Hintergründe nicht kennen, glauben sie: »Wenn ich so behandelt werde, dann ist das normal und ich habe es wohl auch verdient.«

Auch das Umfeld nimmt Einfluss

Natürlich wird das Selbstbewusstsein in Kindheit und Jugend nicht allein von den Eltern beeinflusst. Ebenso können Erzieherinnen in der Kita, Lehrer, Mitschülerinnen oder Verwandte traumatische Erlebnisse verursachen. Nicht zur Clique zu gehören, weil man sich keine Markenkleidung leisten kann. Wegen einer körperlichen Auffälligkeit gehänselt zu werden. Nachgeäfft zu werden, weil man einen Dialekt spricht oder einen Akzent hat – das brennt sich in die Seele ein.

Vielleicht sind Ihnen beim Lesen bedrückende oder schmerzliche Erlebnisse aus Ihren jungen Jahren eingefallen. Doch was bedeutet das heute noch für Sie? Immerhin sind Sie mitterweile erwachsen. Außer bei schweren Traumata, die eine Psychotherapie benötigen, habe ich oft den Einwand gehört: »Was soll denn dieses Gewühle in der Kindheit? Inzwischen bin ich für mich selbst verantwortlich.« Das ist richtig. Aber ebenso gilt: Wenn die Erfahrungen der Vergangenheit nicht verarbeitet werden, bestimmen sie weiterhin unser Denken, Fühlen und Verhalten. Sie sind in unserem Gehirn und unserem Körper gespeichert und spielen meist unbewusst bis in die Gegenwart eine Rolle. Und sie werden immer wieder von aktuellen Erlebnissen aktiviert. Offenbar ist die Vergangenheit manchmal doch nicht so vergangen, wie wir glauben. Deshalb kommen wir nicht umhin, bei gegenwärtigen Problemen auch einmal zurückzuschauen, um herauszufinden, ob sie vielleicht auf frühen Erfahrungen beruhen. Seien Sie bereit, sich für manche Bereiche auf Ihre Geschichte einzulassen, um sich möglicherweise von Altlasten zu befreien und Ihre innere Stärke zu entfalten.

I. TEIL:
FREI DENKEN

In der Nacht schlafe ich unruhig und beim Aufwachen fällt es mir als Erstes ein: Heute steht eine langwierige, schmerzhafte Zahnbehandlung an. Sie kennen das sicher auch, dass die Angst davor manchmal schlimmer ist als die Sache selbst. Ich male mir jedenfalls Horrorszenarien aus. Bis ich mich daran erinnere, dass ich als Psychologin eine wirkungsvolle Methode kenne, mich selbst zu beruhigen, nämlich über meine Gedanken. Ich fange an, bewusst positiv zu denken: »Mein Zahnarzt ist ein Profi, er weiß, was er tut. Ich kann froh sein, dass ich nicht im Mittelalter lebe, wo mir ein Scharlatan ohne Betäubung im Mund herumpfuschen würde. Und außerdem, was auch immer geschieht, heute Abend ist es vorbei.« Nun fühle ich mich zwar nicht gerade euphorisch, aber wesentlich gelassener und habe keine übertriebenen Ängste mehr.

Das ist nur eine kleine Kostprobe dessen, was Gedanken vermögen.

Tatsächlich können Sie sich durch Ihre Gedanken glücklich oder unglücklich machen, Erfolge erringen oder versagen, sich mental und körperlich stärken oder schwächen. Wie schon ein Spruch besagt: »Gewonnen und verloren wird zwischen den Ohren.« Gedanken steuern physische Vorgänge, haben einen erheblichen Einfluss auf unser Wohlgefühl, unsere Leistungsfähigkeit und unser Verhalten. Nur ist uns meist nicht bewusst, dass sie eine solche schöpferische Kraft besitzen. Weil wir den lieben langen Tag denken, ist es uns so selbstverständlich wie das Atmen. Wenn Sie wissen, wie Sie Ihre Gedanken beeinflussen können, haben Sie ein wirkungsvolles Instrument, um Sicherheit und Stärke zu gewinnen.

Schon in alten Weisheitslehren findet sich die Erkenntnis, dass wir zum großen Teil unsere eigene Welt erschaffen. Im Dhammapada, einer Sammlung alter buddhistischer Texte, heißt es: »Alles, was wir sind, entsteht durch unsere Gedanken. Mit unseren Gedanken erschaffen wir die Welt.« Demnach kreieren wir durch unsere Gedanken unsere persönliche Erfahrung. Wenn Sie etwa denken, Ihre Umgebung sei voller Gefahren, sind Sie vorsichtig und interpretieren vieles als Bedrohung, was in Wirklichkeit harmlos ist. Halten Sie Ihre Mitmenschen für freundlich, reagieren Sie offen und rufen dadurch bei ihnen eine positive Resonanz hervor.

Was Ihr Denken bestimmt

Wenn wir mit unseren Gedanken weitgehend unser Erleben beeinflussen, dann könnten Sie doch beschließen, Ihre Gedanken ab sofort positiv auszurichten und dadurch sich und Ihr Leben nach Wunsch zu verändern. Im Prinzip ist das auch der richtige Weg, nur ist unser Gehirn komplizierter als ein Computer, bei dem sich Überflüssiges mit der Löschtaste entfernen lässt und man Sinnvolles einfügen kann.

Unsere Persönlichkeit ist teilweise genetisch festgelegt. Die Psychologen Robert McCrae und Paul Costa vom National Institute on Aging in Baltimore haben in internationalen Langzeitstudien nachgewiesen, dass vor allem fünf Bereiche eine erbliche Komponente aufweisen und ein Leben lang ziemlich stabil bleiben: Wie ausgeglichen wir gefühlsmäßig sind, wie offen wir uns gegenüber neuen Erfahrungen zeigen, wie umgänglich wir auftreten, wie gewissenhaft wir uns verhalten und welches Temperament wir besitzen. Diese fünf Merkmale – man nennt sie auch die »Big Five« der Psychologie – haben Einfluss auf unser Denken. Sie bestimmen zum Beispiel, ob wir eher analytisch oder intuitiv, eher gründlich oder oberflächlich denken. Eine gewissenhafte Person denkt anders als eine, die gerne fünfe gerade sein lässt. Trotzdem bedeutet das nicht, dass wir zu starrem Denken verdammt sind. Innerhalb unserer ererbten Grenzen sind wir recht flexibel. Als besonnener Mensch kann man Grübeln gegensteuern und sorgloser werden. Und wer normalerweise eher spontan reagiert, ist durchaus in der Lage, vorab mögliche Folgen zu erwägen.

Unsere Art zu denken beruht aber nicht nur auf unseren Genen, sie wird auch geformt. Mit der Sprache bringt uns unser Umfeld das Denken bei und beeinflusst, wie wir bis heute die Welt sehen. Dabei gibt es zwei große Richtungen: Das pessimistische und das optimistische Denken. Beides kann sich zu einer Grundhaltung verfestigen. Im ersten Fall sehen wir, was uns geschieht, überwiegend durch eine dunkle Brille, im zweiten Fall beurteilen wir es meist positiv oder erwarten, dass alles gut wird.

Ein halbleeres oder halbvolles Glas – was ist besser?

Sicher wirkt Optimismus auf den ersten Blick charmanter, bedeutet er doch Leichtigkeit und Lebensfreude. Bei Pessimismus denkt man dagegen sofort an Miesepeter, die einem jeden Spaß verderben und immer das Haar in der Suppe finden. Aber so einfach dürfen wir es uns nicht machen. Ein blauäugiger, naiver Optimismus ist gefährlich, denn er führt zu Leichtsinn. Manchmal sind Zweifel und Skepsis, die klassischen Eigenschaften des Pessimismus, durchaus nützlich. Sie schützen vor Gefahren und helfen dabei, mögliche Probleme schon vor ihrer Entstehung zu erkennen. Grundlage für die Bewertung einer Situation, einer Person oder einer Aufgabe sollte in jedem Fall eine realistische Bestandsaufnahme sein. Sie beruht auf Fakten, die sich objektiv beschreiben lassen. Etwa, dass die Wohnung, die man mieten möchte, an einer lauten Straße liegt. Oder dass man für den anvisierten Job täglich mehrere Stunden mit dem Auto pendeln müsste. Es gilt zunächst, genau hinzuschauen und Informationen zu sammeln, ohne sie zu bewerten. Um das berühmte Beispiel zu zitieren: Ein zur Hälfte gefülltes Glas enthält eine in Millilitern genau berechenbare Menge an Flüssigkeit – und zwar für die Vertreterinnen beider Denkarten. Sachlich die Fakten zu prüfen und zu akzeptieren, ist also eine Grundvoraussetzung. Erst dann darf die subjektive Beurteilung hinzukommen: Pessimisten bezeichnen das Glas als halbleer, Optimisten als halbvoll. Die Frage ist: Wofür sollen Sie sich entscheiden? Es gibt zahlreiche wissenschaftliche Belege, wie sich die beiden Denkarten in wichtigen Bereichen unseres Lebens auswirken.

- Optimisten können sich zwar nicht auf magische Art gesunddenken, stärken aber durch positive Gedanken ihr Immunsystem und mobilisieren ihre Selbstheilungskräfte. Ein Forscherteam um Lewina Lee an der Boston University School of Medicine hat die Gesundheit und Lebenserwartung von Pessimistinnen und Optimistinnen genauer unter die Lupe genommen. Für die Untersuchung wurden die Aufzeichnungen von Krankengeschichten analysiert. Laut der Studie lebten die optimistischen Frauen um 15 Prozent länger als die Pessimistinnen. Bei den überzeugtesten Optimistinnen war die Wahrscheinlichkeit, über 85 Jahre alt zu werden, sogar um ganze 50 Prozent höher als bei extremen Pessimistinnen.

- Im Beruf halten optimistische Menschen länger durch. Weil sie mehr Hoffnung als Pessimisten haben, dass ihnen etwas gelingen wird, sind sie auch eher bereit, schwierige Aufgaben anzugehen. So hat man festgestellt, dass Profisportlerinnen, die ein gutes Ergebnis für möglich halten, zu höheren Leistungen fähig sind als ihre ungläubigen Kolleginnen. Optimisten haben zudem eine größere Chance, ihr Potenzial zu entfalten. Selbst wenn sie am Ende scheitern sollten, sammeln sie dadurch wertvolle Erfahrung und können ihre Fähigkeiten anschließend besser einschätzen. Wer dagegen pessimistisch denkt: »Das schaffe ich nicht«, scheut eher davor zurück, wenn sich ihm eine Herausforderung bietet. Damit macht er zwar keinen Fehler, bleibt aber in seiner Komfortzone und entwickelt sich nicht weiter.
- In Beziehungen sind weder Optimisten noch Pessimisten vor negativen Erfahrungen gefeit, doch sie verarbeiten sie unterschiedlich. Ein pessimistisch eingestellter Mensch neigt dazu, eine negative Begegnung grundsätzlich auf sich zu beziehen: »Ich bin eben unattraktiv.« Außerdem verallgemeinert er sie: »Alle Männer sind schlecht.« Optimisten generalisieren nicht, sie beurteilen das Erlebnis als einmalige Erfahrung. Deshalb gelingt es Menschen mit optimistischer Einstellung nach einer schlechten Erfahrung leichter, sich erneut auf eine Beziehung einzulassen. Schließlich sind sie weniger verbittert als Pessimisten.

Betrachtet man die drei wichtigen Lebensbereiche »Gesundheit«, »Arbeit« und »Beziehungen«, ist Optimismus eindeutig die bessere Option – vorausgesetzt, Sie berücksichtigen die objektiven Fakten. Deshalb lohnt es sich, pessimistische Gedanken durch optimistische zu ersetzen. Ein einfacher Trick, wie Sie einen pessimistischen Gedanken entdecken, ist, ihn durch diesen Filter zu schicken: »Ist dieser Gedanke für mich nützlich? Tut er mir gut? Stärkt er mich? Fordert er meine Fähigkeiten? Macht er mich glücklicher, liebevoller oder mutiger? Gibt er mir den Impuls, mit Zuversicht an mir zu arbeiten oder eine Situation tatkräftig zu ändern?« Ist das nicht der Fall, dann gibt es keinen vernünftigen Grund, weiter an ihm festzuhalten. Sagen Sie sich: »Ich lasse diesen Gedanken jetzt los.« Stellen Sie sich vor, dass er wie ein Luftballon in den Himmel entschwebt. Manchmal hilft auch einfach ein energisches »Stopp«, um einen negativen Gedanken zu vertreiben.

Da ein realistischer Optimismus offenbar so sinnvoll ist, lohnt es sich, ihn zu entwickeln. Vielleicht möchten Sie genauer wissen, wie ausgeprägt er bereits bei Ihnen ist? Dann machen Sie doch einmal diesen Test.

Test: Wie optimistisch sind Sie?

Kreuzen Sie immer die Antwort an, die am meisten für Sie zutrifft.

TESTFRAGEN

Frage 1

Eine Bekannte von Ihnen hat den Job nicht bekommen, für den sie sich beworben hat, und ist deprimiert. Wie trösten Sie sie?

- »Du kannst doch nichts dafür. Die Konkurrenz war halt zu groß.« (B)
- »Mach dir nichts daraus. Du bist so tüchtig, beim nächsten Mal klappt es bestimmt.« (D)
- »Schau mal, du bist doch immerhin zum Bewerbungsgespräch eingeladen worden.« (C)
- »Sieh es einfach als Übung für das nächste Vorstellungsgespräch.« (A)

Frage 2

Welche **zwei** Eigenschaften besitzen Sie besonders? Sie sind ...

- sensibel (B)
- spontan (D)
- hilfsbereit (C)
- kreativ (A)
- begeisterungsfähig (D)
- aktiv (A)
- vernünftig (C)
- fantasievoll (B)

Frage 3

Im Fernsehen diskutiert das Philosophische Quartett über die Macht des Schicksals. Welcher Aussage stimmen Sie am meisten zu?

- »Wir Menschen glauben, wir hätten alles im Griff, doch das Schicksal kann mit einem Mal alles zunichtemachen.« (B)
- »Immerhin können wir mehr selbst bewirken, als wir glauben.« (A)
- »Was wir ›Schicksal‹ nennen, ist nur der Spiegel unseres Denkens und Handelns.« (D)

- »Bei einem Schicksalsschlag können wir unser Unglück zumindest mit Würde tragen.« (C)

Frage 4

Was meinen Sie, wie hoch ist der Einfluss der Vergangenheit eines Menschen (Erziehung, Gesellschaftsschicht, frühe Erfahrungen) auf seine Gegenwart?

- 90 % (B)
- 70 % (C)
- 50 % (A)
- 30 % (D)

Frage 5

Schutzengel – gibt es die?

- Ja, und ich glaube fest daran, dass ich einen habe! (D)
- Ich weiß nicht ... schließlich hat man noch keinen gesehen. (C)
- Es kann sein, dass es solche hilfreichen Wesen gibt. (A)
- Nein. Das ist nur eine Vorstellung religiöser Menschen. (B)

Frage 6

Bitte schließen Sie die Augen. Stellen Sie sich vor, Sie sind in Afrika auf Safari. Sie steigen aus Ihrem Jeep und untersuchen eine Wildfährte. Plötzlich taucht vor Ihnen aus dem Dickicht ein Löwe auf.

Wie gut konnten Sie sich die Szene vorstellen?

- Es fiel mir schwer. (D)
- So deutlich, als ob sie real wäre. (B)
- Das war wie in einem Film. (C)
- Ich sah nur einzelne Teile der Szene. (A)

Frage 7

Sie stecken gerade in einer heftigen persönlichen Krise. Welcher Gedanke hilft Ihnen jetzt am besten weiter?

- »Auch das geht vorüber.« (B)
- »Ich habe schon schlimmere Situationen überstanden.« (C)
- »In jeder Krise steckt auch eine Chance.« (D)
- »Was kann ich tun, um da herauszukommen?« (A)

Frage 8

Im Freundeskreis unterhält man sich darüber, ob tatsächlich jeder seines Glückes Schmied ist. Welche Meinung verstehen Sie am besten?

- »Für mich gilt das jedenfalls nicht. Die Umstände haben mir dazu nicht viel Spielraum gelassen.« (B)
- »In einigen Fällen stimmt das für mich, aber in vielen anderen konnte ich nichts ändern.« (C)
- »Also, für mich gilt das unbedingt.« (D)
- »Wann immer sich die Chance ergab, habe ich das Beste daraus gemacht.« (A)

Frage 9

Experimente beweisen, dass auch Medikamente ohne Wirkstoff nutzen, wenn der Patient daran glaubt. Was halten Sie von dem Placebo-Effekt?

- Vielleicht funktioniert es, wenn der Arzt überzeugend ist. (C)
- Es zeigt, dass die innere Einstellung eine Rolle spielt. (A)
- Das funktioniert nur bei Leuten, die leicht zu beeinflussen sind. (B)
- Das ist ein eindeutiger Beweis dafür, dass sich der Körper selbst heilt. (D)

Testauswertung

Geben Sie sich für jedes

A = 3 Punkte

B = 1 Punkt

C = 2 Punkte

D = 4 Punkte

Zählen Sie Ihre Punkte zusammen. Die Auflösung finden Sie unter dem entsprechenden Punktwert.

TESTAUFLÖSUNG

10 – 16 Punkte: Sie zweifeln, dass es gut wird

Sie schauen eher skeptisch in die Zukunft. Schon bei kleinen Dingen malen Sie sich lebhaft aus, was alles passieren könnte. Was, wenn beim Picknick plötzlich ein Gewitter aufzieht? Oder der Koffer auf dem Flug in den Urlaub verloren geht? Von Politik und Krisen in der Welt ganz zu schweigen. Sicher ist es sinnvoll, einen Blick auf mögliche Schwierigkeiten zu richten, um nicht davon überrascht zu werden. Aber mit zu viel Besorgnis rauben Sie sich Lebensfreude und Energie. Ein Weg zu mehr Optimismus: Schreiben Sie einmal alles auf, was Sie im Leben schon bewältigt haben, kleine und große Dinge. Das zeigt Ihnen, wie viel Grund Sie haben, zuversichtlich zu sein.

17 – 24 Punkte: Sie hoffen, dass es gut wird

Ihr Optimismus ist ein zartes Pflänzchen. Sie wünschen sich zwar einen guten Ausgang, sind aber nicht wirklich davon überzeugt. Woran liegt das? Vielleicht hat man Ihnen schon als Kind gedroht: »Freu dich bloß nicht zu früh!« Sie können

Ihre Hoffnung durchaus verstärken. Wenn Sie sich demnächst in einer Situation unsicher fühlen, denken Sie nicht an die negativen Aspekte, sondern überlegen Sie, was alles für ein gutes Ergebnis spricht oder was Sie gewinnen. Etwa: »Ich mache eine interessante Erfahrung«, »Ich lerne neue Leute kennen«, »Viele engagierte Menschen unterstützen dieses Projekt«. Sie werden merken, wie Ihre Zuversicht wächst.

25 - 32 Punkte: Sie vertrauen darauf, dass es gut wird

Sie haben eine gute Balance zwischen Optimismus und Besorgnis gefunden. Dabei hilft Ihnen das Bewusstsein, dass Sie einen großen Teil Ihres Schicksals selbst in der Hand haben. Was Sie tun können, gehen Sie aktiv an. Allerdings wissen Sie ebenso, dass Sie auf manches keinen Einfluss haben. Im Leben gibt es nun mal Glück und Pech. Deshalb sind auch Sie nicht sorgenfrei. Aber Sie können auf positive Erfahrungen zurückgreifen. Vielleicht hilft Ihnen Ihr religiöser Glaube oder das Gefühl von Geborgenheit im Kreis lieber Menschen. Das ist jedenfalls eine gute Möglichkeit, um auch in Krisenzeiten vertrauensvoll in die Zukunft zu schauen.

33 - 40 Punkte: Sie sind sicher, dass es gut wird

Ihr Optimismus ist bewundernswert. Offenbar halten Sie es mit dem Motto des englischen Dichters Oscar Wilde: »Am Ende wird alles gut. Und wenn es nicht gut ist, dann ist es noch nicht das Ende.« Einerseits ist diese Einstellung ein großes Plus, weil sie Ihnen innere Ruhe gibt. Aber es besteht auch die Gefahr, dass Sie zu blauäugig auf einen guten Ausgang setzen und dabei die nötige Vorsicht vergessen. Nutzen Sie Ihren Optimismus bitte nicht, um den Kopf in den Sand zu stecken. Sprechen Sie mit

Menschen in Ihrem Umfeld, die die jeweilige Situation oder Herausforderung realistisch einschätzen können. Hören Sie auf deren Einwände. Auf diese Weise sind Sie dann tatsächlich auf der sicheren Seite.

Bleiben Sie realistisch

Je nachdem, was für Sie bei dem Test herausgekommen ist, freuen Sie sich vielleicht, dass Sie jetzt schriftlich haben, wie optimistisch Sie sind. Oder Sie sind ein wenig enttäuscht, weil Sie offenbar mehr zum Pessimismus neigen, und nehmen sich vor, das zu ändern.

Doch damit kein Missverständnis entsteht: Pessimistischen Gedanken Paroli zu bieten, bedeutet nicht, sie gewaltsam zu unterdrücken. Gewiss werden Ihnen immer wieder Dinge geschehen, die Sie belasten, die Sie traurig oder wütend machen. Es ist völlig in Ordnung, darauf entsprechend zu reagieren. Wer aus seinem Denken alles Negative verbannen will, muss notwendigerweise scheitern.

Ich weiß, wovon ich rede. In meinen Anfängen als Psychologin war ich von der amerikanischen Richtung des Positiven Denkens fasziniert. Ich las sämtliche Werke der Gründerväter, von Joseph Murphy, Dale Carnegie und Napoleon Hill bis Norman Vincent Peale. Konsequent versuchte ich, alle negativen Gedanken aus meinem Kopf zu verbannen. Mit dem Effekt, dass sie sich mir immer stärker aufdrängten. Es war wie mit dem rosa Elefanten, an den man nicht denken soll und der einem dann nicht mehr aus dem Kopf geht. Kein Wunder, dass sich die versprochenen phänomenalen Erfolge nicht einstellten.

Inzwischen weiß man, dass eine einseitige Philosophie des

Positiven Denkens sogar zu Depressionen führen kann. Sie suggeriert nämlich, dass wir mit positiven Gedanken alles erreichen können, nach dem Motto: »Wenn ich immer positiv denke, dann passieren mir ausschließlich großartige Dinge.« Solche Kausalverknüpfungen machen unglücklich, weil wir uns mit Selbstvorwürfen quälen, falls es nicht funktioniert: »Ich habe nicht erreicht, was ich mir intensiv gewünscht habe. Dann habe ich wohl zu negativ gedacht, ich habe also versagt.« Sie sollen sich Ihre Welt nicht schöndenken. Es geht vielmehr darum, dass Sie sich nicht länger durch pessimistische Gedanken im Alltag unbewusst und unnötig daran hindern, Ihr volles Potenzial zu nutzen. Ziel ist es, sich auch in herausfordernden Situationen des Lebens auf die positiven Aspekte der Realität zu konzentrieren, anstatt sich selbst niederzumachen oder in Selbstmitleid zu versinken. Wir sind uns sicher einig, dass es sich lohnt, ein realistisch-optimistisches Denken zu fördern. Doch das dient uns nur als Wegweiser. Für die Umsetzung werden wir im Folgenden ins Detail gehen.

Ihr Team im Kopf

Gedanken sind innere Selbstgespräche. Deshalb ist es wichtig, dass Sie zunächst einmal herausfinden, was Sie sich denn eigentlich erzählen. Tatsächlich unterhalten wir uns den ganzen Tag lautlos mit uns selbst. Nicht umsonst spricht man im Zen-Buddhismus vom »Affengeist«, weil unsere Gedanken kaum zur Ruhe kommen, ähnlich wie eine unruhige, ständig umherspringende Affenherde. Wir überlegen, was wir einkaufen müssen, wie wir unsere Arbeit organisieren, was wir am Wochenende unternehmen wollen, warum unser Nachbar uns nicht gegrüßt hat und so fort. Das permanente innere Geplauder hilft uns, den Alltag zu bewältigen, die Vergangenheit zu verarbeiten und die Zukunft zu planen. Dazu trifft sich in unserem Kopf meist eine ganze Diskussionsrunde, die Probleme wälzt, das Für und Wider erwägt, kreative Ideen produziert, Meinungen äußert und Urteile fällt. Der Kommunikationsexperte Friedemann Schulz von Thun spricht in diesem Zusammenhang von einem »Inneren Team«. Mit diesem Modell beschreibt er die vielfältigen Teile unserer Persönlichkeit, die sich im inneren Dialog äußern. Er schlägt vor, diesen Anteilen Namen zu geben, so als wären es lebende Personen. Auf diese Weise lassen sie sich leichter identifizieren. Angenommen, Sie sehen im Geschäft ein schickes Kleid, leider teuer. Dann werden sich vielleicht die »Sparsame« und die »Großzügige« in Ihnen streiten, ob Sie es kaufen sollen. Meist arbeitet unser inneres Team gut zusammen und hilft uns, die richtige Entscheidung zu treffen. Allerdings gibt es auch ein Mitglied dieses Teams, das es sich zur Aufgabe gemacht hat, die negativen Einflüsse, die wir von früher kennen, in uns aktiv zu halten. Es sagt Dinge wie: »Halt lieber den Mund, sonst blamierst du dich nur.«, »Schau dich doch mal an, du siehst fürchterlich aus.«, »Wer soll dich schon mögen? Du bist langweilig.« Als loyale Vertreterin der Vergangenheit sorgt es dafür, dass alte Glaubenssätze erhalten bleiben, wie: »Du darfst nicht Nein sagen.«, »Nimm dich nicht so wichtig.«, »Liebe gibt es nur gegen Leistung.«, »Du kannst für deine Arbeit nicht viel verlangen.« Dieses Teammitglied ist deshalb so einflussreich, weil wir seine Aussagen bisher nicht infrage gestellt haben, sondern sie als unumstößliche Wahrheit hinnehmen. Wenn Sie Ihre Souveränität und Stärke entwickeln wollen, dann müssen Sie es identifizieren und in seine Schranken weisen. Vielleicht möchten Sie ihm auch einen Namen geben, damit Sie es bei seinem Auftauchen gleich erkennen. Eine Seminarteilnehmerin nannte ihres »Das Aschenputtel«, eine andere bezeichnete es als »Das brave Mädchen«. In der Psychologie heißt es meist »Die innere Kritikerin«. Ich nenne es hier »Die negative innere Stimme«.

Identifizieren Sie Ihre negative innere Stimme

Man sollte meinen, die negative innere Stimme sei leicht zu erkennen. Aber entweder huscht sie so blitzschnell durch unseren Kopf, dass wir sie kaum wahrnehmen, oder wir sind schon so an sie gewöhnt, dass wir sie nicht als etwas Besonderes ausmachen. Deshalb müssen wir sie über einen Umweg entlarven. Ein eindeutiges Anzeichen dafür, dass sie in Aktion ist, gibt Ihnen Ihr Gefühl. Sobald Sie sich unwohl, unsicher, niedergeschlagen, deprimiert, klein, ungeliebt oder sonst wie schlecht fühlen, fragen Sie sich: Welcher Gedanke hat dazu geführt? Mit Sicherheit werden Sie auf einen Satz stoßen, den Ihnen Ihre negative innere Stimme eingegeben hat. In einer Fortbildung kann er etwa lauten: »Ich bin dumm, ich verstehe das einfach nicht.« Während eines Dates: »Ich glaube, er findet mich langweilig.« Vor dem Spiegel: »Ich bin viel zu dick.« oder »Ich habe so viele Falten, schrecklich.« Wenn Sie einen Fehler gemacht haben: »Ich bin einfach nicht gut genug.«

Die Abfolge, mit der Sie Ihre negative Stimme identifizieren können, ist immer dieselbe:

- Sie fühlen sich schlecht.
- Sie nehmen das als Anzeichen, dass gerade Ihre negative innere Stimme aktiv ist.
- Sie fragen sich: »Was genau habe ich gedacht?«
- Sie notieren diesen Gedanken.

Damit haben Sie gute Vorarbeit geleistet. Allerdings gilt damit nicht »Gefahr erkannt, Gefahr gebannt«, es ist noch ein zweiter Schritt fällig: Sie müssen Ihrer negativen inneren Stimme Paroli bieten.

Machen Sie Ihre innere Kritikerin mundtot

Nehmen Sie sich den schwächenden Gedanken vor, den Sie notiert haben. Es geht darum, ihm ein überzeugendes Argument entgegenzuhalten. Einfach das Gegenteil zu behaupten, reicht allerdings nicht: »Ich bin dumm« – »Ich bin klug«. Das wäre zu simpel. Ihre Alternative sollte so ausgefeilt sein, dass Sie sie wirklich glauben können. Etwa: »Ich bin zwar etwas langsam, aber durchaus in der Lage, mir den Stoff zu erarbeiten.« Wenn Sie das passende Argument für sich gefunden haben, macht es innerlich klick. Sie spüren: »Ja, das passt.« Notieren Sie auch diesen Satz. Halten Sie ihn Ihrer negativen Stimme entgegen und lassen Sie ihn wirken. Sie werden spüren, wie sich Ihre Stimmung, Ihre Einstellung und Ihre Haltung verändern. Auf die Dauer können Sie so Ihre negative innere Stimme zum Schweigen bringen. Das setzt allerdings Konsequenz voraus, Sie dürfen ihr nichts durchgehen lassen. Doch das ist weniger aufwendig, als es scheint. Meist beziehen sich die schwächenden Gedanken wiederholt auf die gleichen Bereiche, etwa Ihr Äußeres, Ihren beruflichen Erfolg, Ihre Intelligenz, Ihr Wissen, Ihre Herkunft, Ihre Ausbildung, Ihre Fitness, Ihr Alter. Haben Sie erst einmal ein Repertoire von positiven Argumenten, können Sie sie jederzeit Ihrer negativen inneren Stimme entgegenhalten, falls die wieder einmal auf ihrem Lieblingsgebiet die alte Leier wiederholt.

Affirmation – Bestärken Sie Ihr neues Denken

Positive Aussagen lassen sich nicht nur im Kontrast zu negativen benutzen. Sie können auch neue nützliche Sätze formulieren, mit denen Sie Ihr Denken bewusst auf mehr Stärke und Sicherheit ausrichten. Man nennt das eine Affirmation. Der Begriff kommt von dem lateinischen Wort »affirmare«, (be-)stärken. Bei Affirmationen handelt es sich um ermutigende Sätze, mit denen eine günstigere Denkweise in Gang gesetzt wird. Sie dürfen sich das so vorstellen, als würde Ihnen eine gute Freundin Mut zusprechen oder eine Coachin Ihnen wirkungsvolle Tipps geben, wie Sie Ihre gewünschten Ziele erreichen.

Vor einiger Zeit bat mich eine Zeitschrift um einen Expertinnen-Rat: Eine Leserin fühlte sich von den intensiven Kontaktanfragen einer Freundin unter Druck gesetzt. Sie gab deren Wünschen nach häufigen Treffen nach, obwohl sie keine Lust dazu hatte und die Zeit lieber mit ihrer Familie verbracht hätte. Sie mochte die Freundin aber nicht enttäuschen. Ich schlug ihr vor, sich immer, wenn sie wieder die eigenen Interessen zurückstellen wollte, zu sagen: »Ich bin nicht auf der Welt, um die Erwartungen anderer zu erfüllen.« Oder als kurze Formel: »Ein Nein zu anderen ist ein Ja zu mir selbst.« Auf diese Weise stärkt sie mit einem Satz ein günstiges Verhalten und gibt sich die Erlaubnis, auch an sich zu denken.

Überlegen Sie, auf welchem Gebiet Sie gerne mehr Souveränität, Sicherheit, Stärke und Erfolg hätten. Vielleicht wünschen Sie sich bessere Kontakte, mehr Wertschätzung, das eigene Talent zu entfalten, geduldiger zu sein, geliebt zu werden. Was immer Sie sich ersehnen, lässt sich als Affirmation formulieren. Und so können Sie mit starken Sätzen arbeiten, um Ihre persönlichen Ziele zu erreichen:

- Sie erkennen: »Mit meiner alten Einstellung komme ich nicht weiter.«
- Sie entscheiden sich: »Ich will nicht mehr so denken und handeln wie bisher. Ich will ein anderes, besseres Ergebnis.«
- Sie formulieren einen positiven Satz, der Ihr erwünschtes Denken beschreibt. Zum Beispiel: »Ich habe Liebe verdient.«, »Ich bin in Ordnung, so wie ich bin.«, »Ab jetzt werde ich für meine Arbeit angemessen bezahlt.« Ihr starker Satz muss für Sie glaubwürdig und erreichbar sein.
- Sie notieren diesen Satz und lesen ihn so oft, bis Sie ihn verinnerlicht haben.

Das klingt einfach. Doch ich will Ihnen nichts vormachen, die Umsetzung erfordert einigen Aufwand. Wie beim Entkräften der negativen inneren Stimme ist auch hier Disziplin gefragt. Als Anregung möchte ich Ihnen den Erfahrungsbericht von Manuela weitergeben. Sie hat ihn als öffentlichen Kommentar auf meinem Youtube-Kanal gepostet. Ihr Beitrag zeigt, wie viel Konsequenz nötig ist, aber auch, wie sehr sich der Einsatz lohnt:

> Ich übe seit mehr als acht Wochen meine Affirmationen, die ich mir selbst zusammengestellt habe. Zuerst habe ich mir aus Karteikarten ein Büchlein gebastelt, in dem meine positiven Affirmationen notiert wurden. Ich kann jederzeit Sätze hinzufügen oder verändern. Außerdem habe ich mir für mein Handy eine Diktiergeräte-App besorgt. Darauf habe ich mir all diese starken Sätze gesprochen. So kann ich mir überall meine Sätze anhören und in Gedanken aufsagen. Ob beim Autofahren oder im Wartezimmer (Kopfhörer), im Bett zum Einschlafen oder im Garten beim Sonnen. Und ich konnte bei mir nach kurzer Zeit feststellen, dass sich wirklich was veränderte. Dass ich in manchen Situationen anders

reagiert habe als früher oder meine negativen Gedanken weniger wurden. Ich muss aber auch sagen, dass ich wirklich täglich üben muss, damit ich nicht wieder in alte Muster verfalle. Und ich kann mir vorstellen, dass das noch einige Zeit braucht, bis sich das alles gefestigt hat. Sollte ich doch mal wieder einen Ausrutscher in alte Muster haben, dann verurteile ich mich nicht mehr, sondern bin wohlwollend mit mir und starte mein Diktiergerät und dann wird wieder geübt. Ich glaube, dass es einfach einige Zeit und Geduld braucht, um jahrzehntelange negative Glaubenssätze zu entkräften und durch neue zu ersetzen. Für mich ist es der Mühe wert, wenn ich fühle, wie gut es mir dabei geht. Und ich merke, wie sich mein Geist und mein Verhalten ändern. Ich hätte das nie für möglich gehalten, aber es funktioniert. Man muss nur dranbleiben. Von nix kommt nix!!

Manuelas Wahrnehmung, dass Veränderung ihre Zeit braucht, ist durchaus richtig. Sie müssen damit rechnen, dass Ihr Unterbewusstsein zunächst Widerstand leistet. Schließlich gibt Ihr Gehirn ungern seine Routine auf. Was Sie über Jahrzehnte gedacht und geglaubt haben, lässt sich nicht wie mit einem Mausklick löschen. Ihnen werden immer wieder Zweifel kommen. »Mache ich mir etwas vor? Ist das wirklich richtig?« Ja, das ist es. Glauben Sie unbedingt daran.

Eine weitere Gefahr besteht darin, aus Bequemlichkeit oder unter Stress die tägliche Beschäftigung mit Ihrer Affirmation zu vernachlässigen. Dadurch verliert sie an Kraft und Sie fallen in Ihr altes Muster zurück. Befassen Sie sich jeden Tag mit Ihrem Satz, bis er Ihnen in Fleisch und Blut übergegangen ist. Ich habe meine Sätze – es sind mehrere für verschiedene Bereiche – auf meinem Smartphone in der Memo-Funktion gespeichert und sehe sie mir jeden Morgen als Erstes an. Das bringt mich täglich auf Kurs.

So wirkungsvoll Affirmationen auch sein mögen, es sind keine Zauberformeln. Die Vorstellung, man müsse sie sich nur immer vorsagen, damit es quasi von selbst wirkt, ist ein Irrtum. Wiederholen allein hilft nichts. Was glauben Sie, wie lange ich mir einreden kann: »Ich spreche fließend Spanisch«, wenn ich nicht gleichzeitig die Grammatik pauke? Oder »Ich werde für meine gute Arbeit angemessen bezahlt«, wenn ich mich nicht gleichzeitig traue, die entsprechende Forderung zu stellen? Sie müssen Ihre Sätze verinnerlichen und bei jeder passenden Gelegenheit anwenden. Wenn Sie diese nicht mit veränderten Verhalten verbinden, bleiben sie reines Wunschdenken und führen am Ende zu Frust und Enttäuschung. Richtig angewandt sind sie dagegen ein äußerst effektives Instrument.

Ihr geheimes Drehbuch

Auf ein Stück Kuchen kann man schon mal verzichten, aber eine komplette Diät ist eine echte Herausforderung. Ähnlich ist es mit den Gedanken: Einzelne negative Gedanken können Sie mit einer disziplinierten Anwendung beeinflussen. Schwieriger ist es, wenn es sich um einen ganzen Gedankenkomplex handelt. Vielleicht haben Sie sich auch schon gefragt: »Warum passiert mir immer wieder das Gleiche? Warum gerate ich immer wieder an Vorgesetzte, die meinen Einsatz nicht zu schätzen wissen, oder an Männer, die mir zu wenig Liebe geben?«, »Warum zerbrechen meine Freundschaften schon nach kurzer Zeit?«, »Warum komme ich finanziell auf keinen grünen Zweig?« Sie glauben vielleicht, Sie hätten besonderes Pech oder das Leben wäre ein mieser Verräter. Weder noch! Vieles mag dem Zufall oder äußeren Ereignissen geschuldet sein, aber das meiste entsteht dadurch, dass Sie nach einem geheimen gedanklichen Drehbuch agieren und damit die Folgen beeinflussen. Dieses geheime Drehbuch ist Ihr Selbstbild. Darunter versteht man sämtliche stabilen Vorstellungen, die Sie im Laufe Ihres Lebens über Ihre Person gebildet haben. Es enthält alles, was Sie dauerhaft über sich denken. Auch wenn Sie nicht ständig über sich nachgrübeln, haben Sie eine ziemlich feste Meinung von sich. Überprüfen Sie doch einmal, wie präzise Sie zum Beispiel die folgenden Fragen für sich beantworten können: Sind Sie intelligent? Glauben Sie, dass Sie schön sind? Besitzen Sie Charisma? Sind Sie liebenswert? Meinen Sie, dass Sie für andere wichtig sind? Haben Sie ein Talent? Sind Sie eine gute Freundin? Halten Sie sich für kreativ? Sind Sie hilfsbereit? Sind Sie sprachbegabt? Das ist nur eine kleine Auswahl von Fragen, die Hinweise auf Ihr Selbstbild geben können, je nachdem, ob Sie überzeugt zugestimmt oder daran gezweifelt haben.

Sie bekommen, was Sie erwarten

Ihr Selbstbild beeinflusst weitgehend, was Ihnen geschieht. Dazu muss man nicht einmal das Gesetz der Anziehung bemühen, es ist psychologisch einfach zu erklären: Was Sie über sich selbst, über andere oder eine Situation denken, steuert Ihre Haltung, Gestik und Mimik, Ihre Tonlage, die Wahl Ihrer Worte und Ihre Handlungen. Ihre Mitmenschen nehmen Ihre Einstellung unbewusst auf. Dank der Spiegelneuronen, einem hervorragend funktionierenden Verarbeitungssystem im Gehirn, entschlüsseln sie Ihre Botschaft und verhalten sich entsprechend. Sind Sie von sich überzeugt, reagiert Ihr Umfeld meist mit Anerkennung. Machen Sie sich klein, wird sie Ihnen vermutlich weniger Wertschätzung entgegenbringen. Doch sogar wenn die Reaktion Sie überrascht, bleibt Ihnen immer noch die Möglichkeit, das Verhalten der anderen gemäß Ihrem Selbstbild zu interpretieren und damit Ihre Erwartungen zu bestätigen. Was vermuten Sie, wenn ein Nachbar grußlos an Ihnen vorbeigeht? Wenn Ihre Mail nicht beantwortet wird? Wenn hinter Ihnen zwei Personen kichern? Falls Sie ein negatives Selbstbild haben, vermuten Sie, dass man Sie bewusst ignoriert oder sich über Sie lustig macht. Bei einem positiven Bild von sich glauben Sie, der Nachbar sei gerade in Gedanken, die Mail sei vielleicht versehentlich im Spampostfach gelandet und die Leute hinter Ihnen erzählten sich gerade etwas Lustiges.

Es gibt noch eine weitere Methode, mit der sich die Realität Ihrem Selbstbild anpassen lässt: Sie picken sich heraus, was mit ihm übereinstimmt und ignorieren den Rest. Sie hören und sehen einfach nur, was in Ihr Konzept passt. Angenommen, Ihr Vertrauen in Ihre beruflichen Fähigkeiten ist nicht besonders ausgeprägt. Trotzdem haben Sie sich an eine Präsentation gewagt. Ihr Chef lobt Ihren Auftritt, meint aber, Sie sollten noch an Ihrem Ausdruck feilen. Sie sind geknickt. Haben Sie doch gleich gewusst, dass Sie das nicht können. Oder: Sie haben jemand über eine Online-Partnerbörse kennengelernt und sich verliebt. Nur leider beruht das nicht auf Gegenseitigkeit. Beim zweiten Treffen versucht Ihr Dating-Partner, Ihnen das freundlich klarzumachen: »Du bist eine wunderbare, attraktive Frau, aber ich empfinde nicht genug für dich.« Von sich überzeugt hören Sie nur: »Du bist wunderbar und attraktiv.« Den Rest blenden Sie hoffnungsvoll aus.

Über die unbewusste Beeinflussung anderer, Ihre Interpretation und eine eingeschränkte Wahrnehmung gelingt es Ihnen, Ihre positiven oder negativen Erwartungen immer wieder zu bestätigen. Man nennt das auch eine »sich selbst erfüllende Prophezeiung«. Gemäß Ihrem Selbstbild setzen Sie ein Karussell in Gang:

- Sie erwarten ein bestimmtes Ergebnis und verhalten sich so, wie es zu Ihren Erwartungen passt.
- Sie fühlen sich durch die Reaktion der anderen, Ihre Interpretation oder eingeschränkte Wahrnehmung in Ihrer Erwartung bestätigt.
- Sie sagen sich: »Ich habe es doch gleich gewusst! Es ist genauso gekommen, wie ich vermutet habe.«
- Sie speichern das Erlebte als Erfahrung ab.
- In einer ähnlichen Situation haben Sie dann die gleiche Erwartungshaltung.
- Und so fort ...

Das ist kein Problem, sofern Sie ein positives Selbstbild haben. Die permanente Wiederholung guter Erfahrungen führt zu einem Engelskreis. Schon das Sprichwort sagt: »Nichts ist erfolgreicher als der Erfolg.« Angenehme Erlebnisse vervielfältigen sich. Daran sollen Sie gewiss nichts ändern, erwarten Sie gerne weiterhin das Beste. Solange Sie nicht hinsichtlich Ihrer Fähigkeiten einer absoluten Selbsttäuschung unterliegen, werden Sie damit immer wieder gute Ergebnisse erzielen. Und selbst wenn Ihre positiven Erwartungen gelegentlich frustriert werden – was nun mal zum Leben gehört –, bedrückt Sie das vermutlich nicht lange. Anders ist es allerdings, wenn Sie ein negatives Bild von sich haben. Dann entsteht durch die ständige Wiederholung der pessimistischen Erwartung ein Teufelskreis.

Durchbrechen Sie den Teufelskreis

Zum Glück müssen Sie nicht in diesem Teufelskreis von negativer Erwartung und Bestätigung steckenbleiben. Durch genaues Denken ist es Ihnen möglich, ihn zu durchbrechen. Eine Gedanken-Analyse führt zu neuen Erkenntnissen, durch die sich plötzlich viel mehr Chancen auftun als bisher. Dazu gibt es zwei Möglichkeiten: Erstens fragen Sie sich, ob Ihre Meinung in jedem Fall gilt. Zweitens überprüfen Sie, ob Ihre Interpretation stimmt.

Ist das garantiert immer so?

Gehen Sie von dem aus, was Sie glauben. Etwa: »Ich werde nie eine Führungsposition erreichen, weil ich nicht studiert habe.«, »Ich habe nur eine kleine Rente, und ohne Geld kannst du heutzutage nicht am sozialen Leben teilhaben.«, »Ich hatte eine schlimme Kindheit. Das prägt einen für das ganze Leben.«

Überprüfen Sie nun:

- Ist das immer so?
- Ist das in jedem Fall so?
- Gibt es Ausnahmen?
- Kennen Sie persönlich eine solche Ausnahme?
- Kennt jemand aus Ihrem persönlichen Umfeld eine Ausnahme?

Melanie, 44, ist seit ihrer Scheidung vor einigen Jahren Single. Nach mehreren Enttäuschungen hat sie die Hoffnung aufgegeben, einen passenden Partner zu finden. Resigniert sagt sie: »Jüngere Männer interessieren mich nicht. Und die in meiner Generation wollen alle nur eine, die halb so alt ist wie sie. Für die bin ich mit meinen 40 plus unattraktiv.« Auf die Frage, ob es Ausnahmen von dieser Regel gibt, fällt ihr eine 51-jährige Bekannte ein. Die hat ihr vor Kurzem erzählt, dass sie einen älteren Mann kennengelernt hat und mit ihm sehr glücklich ist.

Machen Sie sich bitte bewusst: Solange es auch nur eine einzige Ausnahme von Ihrer negativen Annahme gibt, ist das Gewünschte auch für Sie erreichbar. Dann geht es darum, die hinderlichen Erwartungen loszulassen und stattdessen mit Schwung alles Erforderliche zu tun, um das Ziel zu erreichen. Dabei ist Kreativität und oft auch eine gute Portion Selbstkritik gefragt. Melanie etwa könnte sich modischer kleiden, ihre Zurückhaltung überwinden, einen Flirtkurs machen, ihren Bekanntenkreis erweitern, öfter ausgehen, eine Partnerbörse im Internet nutzen oder die Bekannte zum Kaffee einladen und sich bei ihr erkundigen, wie sie ihren Mann kennengelernt hat.

Stimmt Ihre Interpretation?

In Ihrem Kopf tummeln sich die negativen Vermutungen? Fragen Sie nach, ob Sie mit Ihrer Interpretation richtigliegen. Diese Methode empfiehlt sich, falls Sie sich immer zielsicher das herauspicken, was Ihre pessimistische Erwartung bestätigt. Wenn Sie zum Beispiel mit Ablehnung rechnen, deuten Sie das Verhalten Ihres Gegenübers als Zurückweisung, auch wenn es möglicherweise andere Gründe hat. Sie denken etwa: »Der schweigt, weil er mich nicht mag.« Vielleicht ist der Betreffende aber nur müde. Mit einer direkten Frage lässt sich das klären. Zugegeben, dazu gehört ein bisschen Mut. Schließlich offenbart man dabei etwas von sich selbst. Aber wenn Sie auf die folgende Weise vorgehen, blamieren Sie sich bestimmt nicht. Im Gegenteil, Sie zeigen Selbstsicherheit:

- Beschreiben Sie sachlich, was Sie wahrnehmen. »Sie sagen ja gar nichts.«, »Sie runzeln die Stirn.«, »Du wippst die ganze Zeit mit dem Fuß.«, »Du schaust aus dem Fenster.«

- Nennen Sie nun Ihre Vermutung: »Ich schließe daraus, dass Ihnen mein Vorschlag nicht gefällt.«, »Ich leite daraus ab, dass du ungeduldig bist.«, »Ich nehme deshalb an, dass du dich langweilst.«
- Fragen Sie, ob Ihre Vermutung zutrifft: »Liege ich damit richtig?«, »Stimmt das?«

Beatrice arbeitet als Texterin in einer Werbeagentur. Seit Kurzem gibt es einen neuen Creative Director. Der vertritt den Standpunkt »Nicht gemeckert ist genug gelobt«. Er äußert keine Anerkennung. Beatrice interpretiert das als Unzufriedenheit und wird immer unsicherer. Schließlich fasst sie sich ein Herz und spricht ihn an: »Sie haben zu meinem Text für die Kosmetikkampagne nichts gesagt. Ich schließe daraus, dass Sie damit nicht zufrieden sind. Stimmt meine Vermutung?« Der Creative Director zieht erstaunt die Augenbrauen hoch. »Wie kommen Sie denn darauf? Ihr Text ist völlig in Ordnung.« Beatrice ist froh, dass sie es gewagt hat nachzufragen. Seitdem interpretiert sie mangelndes Lob nicht gleich als Kritik.

Selbst wenn Beatrices Vorgesetzter ihre negative Interpretation bestätigt hätte, wäre ihre Nachfrage für sie ein Gewinn gewesen. Immerhin hätte sie dann gewusst, wo sie mehr Leistung bringen sollte. Auf der Basis einer ehrlichen Antwort ist in jedem Fall eine positive Veränderung möglich. Die Erfahrung zeigt jedoch, dass die meisten Menschen eher zu pessimistisch interpretieren. Fragen Sie also gegebenenfalls mutig nach und lassen Sie sich positiv überraschen.

Sie selbst bestimmen einen großen Teil dessen, was Sie erleben. Wenn Sie auf einem Gebiet immer wieder schlechte Erfahrungen machen, sehen Sie sich nicht als armes Opfer, sondern fragen Sie sich: »Was könnte mein Anteil daran sein? Welche negativen Gedanken über mich wirken sich hier aus?« Wenn Sie ihnen konsequent entgegenwirken, treten Sie in den Engelskreis des Selbstvertrauens ein.

Konzentrieren Sie sich auf den Moment

Herrscherin über die eigenen Gedanken zu sein, setzt Bewusstheit voraus. Die aber zählt nicht gerade zu unseren natürlichen Stärken. Meist sind wir mit unseren Gedanken und unserer Wahrnehmung überall, nur nicht in der Gegenwart. Bestimmt geht Ihnen das auch häufig so: Während Sie die Straße entlanggehen, träumen Sie vor sich hin, denken an dieses und jenes. Würde man Sie im Nachhinein fragen, wer oder was Ihnen unterwegs begegnet ist, müssten Sie passen. Sie haben im Kopf mit Ihrer Freundin diskutiert, das Abendessen geplant oder überlegt, ob Sie sich zur Fortbildung anmelden sollen. Das mag auf dem Weg zum Einkaufen in Ordnung sein. Ein bewusstes Fokussieren auf den gegenwärtigen Augenblick ist jedoch unerlässlich, wenn wir unsere Denkmuster ändern wollen. Sonst spult unser bequemes Gehirn weiterhin ab, was es gewohnt ist. Bewusstheit will allerdings trainiert werden, wie diese kleine Geschichte illustriert: Zen-Schüler fragen ihren Meister, wie er es schafft, so gelassen und glücklich zu sein. Er antwortet: »Wenn ich stehe, dann stehe ich. Wenn ich gehe, dann gehe ich. Wenn ich sitze, dann sitze ich. Wenn ich esse, dann esse ich.« Verblüfft sagen die Schüler: »Aber das tun wir doch auch.« »Nein«, belehrt sie der Meister. »Wenn ihr sitzt, dann steht ihr schon. Wenn ihr steht, dann lauft ihr schon. Wenn ihr lauft, dann seid ihr schon am Ziel.« Tatsächlich bewegen wir uns gedanklich mehr in der Vergangenheit oder Zukunft als im Hier und Jetzt. Das lässt sich kaum mit einer einmaligen Willensanstrengung ändern. Wir müssen regelmäßig üben, mit unserem Geist bewusst in der Gegenwart zu bleiben und wahrzunehmen, was wir im Augenblick denken und fühlen, ähnlich wie wir eine Fremdsprache oder das Spielen eines Musikinstruments erlernen.

Eine bewährte Methode dazu ist das Achtsamkeitstraining »Mindfulness Based Stress Reduction« (MBSR) nach Jon Kabat-Zinn. Es hat sich bewährt, um Gedanken und Verhaltensmuster zu verändern. Hirnscans belegen, dass sich dabei sogar die Gehirnstruktur verändert. Unter anderem verringert sich die Substanz der Amygdala, dem Hirnareal, das entscheidend an Ängsten beteiligt ist. Durch kognitive Kontrolle lernt man, mit emotionalen Reaktionen besser umzugehen.

Die Hamburger MBSR-Trainerin Astrid Wronsky hat schon vielen Menschen dabei geholfen, sicher und gelassen zu werden. Ich möchte von ihr wissen, wie Achtsamkeit dazu beitragen kann, unser Denken zu verändern.

Warum ist es so wichtig, achtsam zu sein?
Wir handeln meist automatisch aus gewohnten, alten Mustern heraus. Das ist eine der Hauptursachen für Stress. Mit Achtsamkeit nehmen wir die Gegenwart klar wahr und erweitern damit unseren Handlungsspielraum. Wir schalten den Autopiloten aus und gewinnen einen Spielraum zwischen Reiz und Reaktion. Das gibt uns die Möglichkeit, der jeweiligen Situation angemessen zu begegnen. Wir können die kleinen und großen Herausforderungen des Alltags besser meistern, entwickeln Resilienz. Ein viel zitierter Ausspruch in Zusammenhang mit Achtsamkeit ist: »Wir können die Wellen des Lebens nicht aufhalten, aber wir können lernen, auf ihnen zu reiten.«

Was ändert sich in uns und unserem Denken, wenn wir achtsam sind?
Unser Denken wird klarer und wacher. Wir werden fokussierter, konzentrierter und gelassener. Achtsamkeit lehrt, einen Schritt zurückzutreten und unsere Gedanken und Gefühle zu beobachten. Sie eröffnet uns die Fähigkeit, bildlich gesprochen, erst einmal am Ufer des Flusses stehen zu bleiben und die Boote, die vorbeifahren, zu betrachten, ohne einzusteigen. Das macht den Geist ruhiger und führt langfristig zu mehr Gelassenheit im Alltag. Allerdings gibt es zwischen bloßer Aufmerksamkeit und Achtsamkeit einen wesentlichen Unterschied. Wirklich achtsam zu sein, bedeutet auch, offen und freundlich in die Welt zu schauen. Wir erkennen deutlicher, was uns und anderen guttut und was nicht.

Wie viel Zeit braucht man, um das zu lernen?
Neurowissenschaftler haben herausgefunden, dass sich sogar schon nach einem achtwöchigen MBSR-Kurs Veränderungen in der Gehirnstruktur nachweisen lassen. Auch deutliche Verbesserungen in Gesundheit und Lebensqualität kann man dann schon wissenschaftlich erkennen. Viele Teilnehmende meiner Kurse berichten bereits nach wenigen Kurseinheiten, dass sie positive Veränderungen ihrer Wahrnehmung und ihres Verhaltens bemerken. Oft bestätigen ihnen das auch ihre Mitmenschen. Je offener man ist, je motivierter und beharrlicher man übt, desto schneller und beständiger zeigen sich die positiven Veränderungen. Die »Achtsamkeitsmuskulatur« braucht Training, um zu wachsen und zu bleiben! Es ist wichtig, kontinuierlich zu üben. Ein intensiver Kurs schafft eine Grundlage. Anschließend kann man darauf mit lockereren Zügeln selbstständig weiter aufbauen und den Prozess des Umdenkens vertiefen.

Ist jeder dazu geeignet?
Im Prinzip alle, die mehr Gelassenheit, Freude und Gesundheit erleben möchten. Es ist nicht nötig, dass man schon Geduld oder Ruhe mitbringt. Gerade das wird ja gefördert. Für einen MBSR-Kurs braucht man etwas Zeit und auch Kraft, um sich einzulassen und täglich zu üben. Aber der Einsatz lohnt sich! Im Achtsamkeitstraining geht es nicht vorrangig um Entspannung, es kann auch mal herausfordernd sein. Achtsamkeit zeichnet sich durch die Bereitschaft aus, alles, was sich gerade zeigt – auch das Unangenehme –, bewusst anzusehen und zu üben, einen heilsamen Umgang damit zu entwickeln. Die Werkzeuge dazu erlernt man im Kurs. Bei akuten gesundheitlichen oder seelischen Krisen ist es ratsam, die Teilnahme vorab gemeinsam mit einer erfahrenen Lehrerin abzuwägen, ebenso bei psychischen Erkrankungen und Süchten.

Gibt es eine kleine Übung, mit der man selbst anfangen kann?
Wenn wir unsere Aufmerksamkeit ganz auf den Körper richten, kommen wir in der Gegenwart an. Die folgende Übung kann man überall ausführen, jetzt sofort, beim Warten an einer roten Ampel, im Bus oder in der Schlange im Supermarkt. Es geht nicht darum, etwas zu erreichen, sondern festzustellen, was eigentlich im jeweiligen Moment gegenwärtig ist:

Nehmen Sie im Sitzen oder Stehen eine aufrechte Haltung ein. Das wirkt sich unmittelbar auf den Geist aus, er wird wacher und klarer. Wenn möglich, schließen Sie sanft die Augen, sonst senken Sie den Blick, ohne etwas Bestimmtes anzusehen. Nun nehmen Sie Verbindung zum Körper auf. Spüren Sie den Kontakt der ganzen Füße zum Boden.

Atmen Sie danach zwei bis drei Mal tief ein und bewusst länger aus. Bleiben Sie dabei mit Ihrer Aufmerksamkeit möglichst beim Atmen. Wenn Ihre Gedanken abschweifen, ist das ganz natürlich und kein Grund, sich zu ärgern. Im Gegenteil: Das zu bemerken, ist ein wertvoller Moment von Achtsamkeit. Dass Ihre Gedanken abschweifen, ist kein Hindernis, sondern wesentlicher Teil der Übung, egal, wie oft es passiert. Kehren Sie dann liebevoll wieder zum Atem zurück.

Lassen Sie den Atem nach den tieferen Atemzügen wieder möglichst natürlich fließen. Beobachten Sie aufmerksam noch einige Atemzüge lang, wie der Atem in den Körper hinein– und herausströmt. Wo und wie im Körper ist der Atem jetzt wahrnehmbar? Sie können sich dazu auch die Hand auf Ihren Bauch legen. Vielleicht spüren Sie, wie sich die Bauchdecke mit der Einatmung leicht weitet und mit der Ausatmung wieder entspannt, oder Sie spüren eher, wie der Atem durch die Nase ein- und ausströmt. Wenn Sie gerade nichts spüren, ist das völlig in Ordnung. Denn genau das zu bemerken, ist auch ein wertvoller Moment von Achtsamkeit.

Ich wünsche Ihnen viele achtsame Augenblicke mit dieser Übung!

II. TEIL:
BEWUSST FÜHLEN

Es noch nicht lange her, dass wir Frauen hören mussten: »Sei doch nicht so emotional.« Mit diesem Killersatz wurde unsere besondere Fähigkeit blockiert, Gefühle wahrzunehmen und auszudrücken. Leider sind noch viele – meist ältere – Männer vor allem in der rationalen Welt zu Hause und fühlen (!) sich mit Emotionen unbehaglich. Als ich mich neulich über etwas aufregte, das mir passiert war, bemerkte mein Mann: »Da hast du aber eine geringe Frustrationstoleranz.« Eine Freundin hätte mich mit Sicherheit sofort verstanden. Auch die Generation unserer Söhne geht schon mit Gefühlen anders um. Gut so, denn die Wissenschaft ist auf unserer Seite. Inzwischen hat die Hirnforschung die Möglichkeit, sichtbar zu machen, was geschieht, wenn wir fühlen. Die an den Emotionen beteiligten neuronalen Schaltkreise erlauben eine blitzschnelle Informationsverarbeitung von äußeren Reizen. Sie versetzen unseren Organismus in die Lage, sofort wirksam auf seine Umwelt zu reagieren. Dabei gibt es zwei Richtungen: hin oder weg. In Millisekunden entscheiden wir, ob es sich um ein positives Angebot oder eine Gefahr handelt, und verhalten uns entsprechend. Außerdem sind Gefühle das Navigationssystem, das unserem Leben die Richtung vorgibt: Angst bringt uns dazu, Gefahren zu vermeiden. Freude sorgt dafür, dass wir offen auf etwas zugehen und unsere Talente entfalten. Trauer gibt uns die Zeit, einen Verlust zu verarbeiten. Liebe fördert den Wunsch, uns körperlich und seelisch mit einem Menschen zu verbinden. Wut hilft, die eigenen Interessen energisch zu vertreten. Von daher lohnt es sich, dass wir unseren Gefühlen endlich die verdiente Aufmerksamkeit schenken. Nicht umsonst spricht man von »emotionaler Intelligenz«.

Doch obwohl die Überzeugung wächst, dass Gefühle eine wichtige Rolle spielen, gehen wir nicht automatisch souverän mit ihnen um. Das gilt besonders für diejenigen, die allgemein als negativ beurteilt werden. Dazu zählen Hass, Wut, Ärger, Neid, Gier, Eifersucht, Aggression, Furcht, Einsamkeit und Ohnmacht. Wir lernen von Kindheit an, diese »schlechten« Empfindungen zu unterdrücken. Oft verdrängen wir unsere Gefühle auch aus Selbstschutz. Wir fürchten, die Kontrolle zu verlieren, wenn wir sie in ihrer ganzen Wucht zulassen. So sagte mir eine Bekannte, als ich mich erkundigte, wie es ihr nach ihrer Scheidung gehe: »Ach, ich beiße die Zähne zusammen. Wenn ich nämlich erst einmal anfange zu heulen, höre ich gar nicht mehr auf.« Der Umgang mit negativen Gefühlen ist zweifellos anstrengend. Bei Trauer, quälender Eifersucht, Liebeskummer oder Ängsten hätten wir wohl alle gerne ein Wundermittel zur Hand, um sie unschädlich zu machen.

Dass wir uns schmerzlichen Gefühlen nicht haltlos hingeben, ist gewiss richtig. Ebenso, dass wir Gefühle wie Hass, Rache oder Eifersucht kontrollieren. Würden wir sie ungebremst ausleben, wären die Folgen für unsere Gesellschaft fatal. Angebracht ist es auch, innerhalb einer Rolle, etwa am Arbeitsplatz oder als Eltern, nicht jedes Gefühl offen zu zeigen. Doch der gemäßigte Umgang mit bestimmten Gefühlen ist eine Sache, sie wahrzunehmen und anzuerkennen eine andere. Gefühle haben einen Sinn. Sie teilen uns mit, was wir verändern müssen, um glücklich und erfolgreich zu sein. Es gilt, ihre Botschaften zu entschlüsseln. Weil wir die meiste Zeit damit beschäftigt sind, sie zu kontrollieren und zu verdrängen, sind sie uns oft fremd. Manchmal wissen wir gar nicht so genau, was wir eigentlich fühlen. Für dieses emotionale Versteckspiel gibt es gute Gründe:

Weil nicht sein kann, was nicht sein darf

In Ihrem persönlichen Wertesystem teilen Sie Gefühle in gute und schlechte ein. Diese Einteilung hängt zum großen Teil von Ihrer Erziehung ab. Möglicherweise war es in Ihrer Familie verpönt, wütend zu werden oder traurig zu sein. Entsprechend unterdrücken Sie noch heute die unerwünschten Gefühle und verhalten sich wie ein braves Mädchen oder Mamas Sonnenschein. Eine wichtige Rolle spielt auch Ihr Idealbild. Am liebsten sehen Sie sich etwa als Powerfrau, die mit allem fertig wird, oder Sie möchten gerne cool jede Kritik wegstecken. Was nicht ins Bild passt, wird glatt verleugnet: Sie und eifersüchtig? Wohl kaum. Sie urteilen nur neutral, dass die Frau, mit der sich Ihr Partner gerade angeregt unterhält, für einen Minirock entschieden zu dicke Beine hat. Wie bitte? Sie sollen Angst davor haben, die Teamleitung zu übernehmen, weil Sie sich blamieren könnten? So ein Blödsinn. Sie haben bloß keine Lust, sich mit schwierigen Typen herumzuärgern.

Weil das Gefühl zu schmerzlich wäre

Verdrängen ist auch eine bewährte Methode, um nur ja nicht spüren zu müssen, was man wirklich fühlt. Lieber spielen Sie das Erlebnis herunter.

Sie haben sich engagiert und Überstunden ohne Ende gemacht. Trotzdem hat man Sie bei der Beförderung übergangen und den Job jemandem gegeben, der nicht halb so gut ist wie Sie. Die Wut darüber ist so mörderisch, dass Sie sie gar nicht erst an sich herankommen lassen. Stattdessen sagen Sie lässig: »Dumm gelaufen.« Oder die Traurigkeit über die Trennung von Ihrem Partner oder Ihrer Partnerin sitzt so tief, dass Sie in ein schwarzes Loch fallen würden, sobald Sie sie zuließen. Deshalb reden Sie sich und anderen ein: »Darüber bin ich längst hinweg.«

Für eine Weile funktioniert es vielleicht, die wahren Gefühle zu ignorieren oder sich nicht um die Ursachen zu kümmern. Doch auf die Dauer lassen sich Gefühle nicht ausblenden, dazu sind sie zu mächtig. Es lohnt sich also, sie zu ergründen und zu lernen, souverän mit ihnen umzugehen.

Lernen Sie Ihre Gefühle kennen und lieben

Starke Reaktionen sollten Sie wachsam machen. Etwa in solchen Situationen: Sie werden mordswütend, als jemand eine abfällige Bemerkung über Ihr Aussehen macht. Sie fühlen sich klein, als der Kellner im Sterne-Restaurant Ihre Aussprache eines Gerichtes korrigiert. Sie sind der einsamste Mensch auf der Welt, weil sich auf einem Event alle blendend unterhalten, nur Sie nicht. Plötzlich kommen Emotionen hoch, die Sie überwältigen.

Begegnen Sie Ihrem inneren Kind

Was sich da abspielt, lässt sich anschaulich in dem psychologischen Modell vom »inneren Kind« erfassen. Es ist ein Bild dafür, dass wir schon früh Erfahrungen und die damit verbundenen Gefühle in unserem Gehirn und in unserem Körper speichern. Der amerikanische Psychiater W. Hugh Missildine drückt es so aus: »In dir lebt das Kind, das du warst.« Als Kinder haben wir Erlebnisse von unterschiedlicher Qualität: Zum einen sind da die schönen und interessanten Ereignisse. Aber es gibt auch Erfahrungen, die keineswegs glücklich sind. Wohl kein Kind kommt umhin, Verletzungen zu erleben, sich einsam, traurig oder unverstanden zu fühlen. Die schmerzhaften Gefühle von damals wirken sich bis ins Erwachsenenalter negativ aus. Die gespeicherten negativen Erlebnisse legen sich oft wie ein Doppelbild über aktuelle Situationen, ohne dass es uns bewusst ist. Wir projizieren frühe Erfahrungen auf unser Gegenüber und empfinden prompt wie damals, als wir tatsächlich noch klein und schwach waren. Wie in so einem Fall: Barbara, 42, ist Sekretärin. Immer wenn ihr cholerischer Chef sie anschreit, erstarrt sie wie das Kaninchen vor der Schlange. Den gleichen Ton hatte ihr Vater in ihrer Kindheit, wenn er ärgerlich auf sie war. Aber der Zusammenhang ist Barbara nicht bewusst. Sie fühlt sich nur eingeschüchtert und kann sich nicht wehren.

Frühe Erfahrungen können die Souveränität blockieren. Deshalb ist es wichtig, Ihr inneres Kind genauer kennenzulernen. Diesen Prozess können Sie bewusst fördern.

Doch vorab möchte ich dazu eine Warnung aussprechen: Wenn Sie eine schlimme Kindheit hatten, geprägt von Gewalt oder Missbrauch, dann sollten Sie die folgenden Übungen nicht ohne psychotherapeutische Begleitung machen. Und brechen Sie sie bitte auch ab, sobald Sie sich unwohl fühlen. Ansonsten aber kann es für Sie nützlich sein, es auszuprobieren und auf diese Weise mit einem verborgenen emotionalen Teil in Ihnen Verbindung aufzunehmen.

Schauen Sie sich Kinderfotos an

Sehen Sie sich Fotos an, die Sie im Alter zwischen drei und sechs Jahren zeigen. Sie werden spüren, wie die Erinnerung und die damit verbundenen Gefühle auftauchen. Als ich noch als Psychotherapeutin tätig war, habe ich diese Übung häufig mit meinen Klientinnen gemacht, wenn es darum ging, den Wurzeln gegenwärtiger Probleme auf die Spur zu kommen. Sie haben ihre Fotoalben mitgebracht (das war noch bevor man Fotos digital speichern konnte). Fast immer führte die Betrachtung zu intensiven Reaktionen. »Ich sehe ein einsames Kind«, sagte Ina angesichts eines Fotos, das an ihrem ersten Schultag gemacht worden war. Ihr stiegen Tränen in die Augen. »Das war eine schlimme Zeit für mich. Ich habe gestottert und wurde deshalb immer gehänselt.« Vielleicht sehen Sie ein kleines Mädchen mit neugierigem Blick und erinnern sich daran, dass Ihre Eltern Sie streng zur Zurückhaltung ermahnten. Oder ein Foto zeigt Ihnen, wie Sie im Schatten von Geschwistern stehen. Jedenfalls gilt auch hier: Ein Bild sagt mehr als tausend Worte. Die Fotos werden Ihnen einiges verraten, woran Sie schon lange nicht mehr gedacht haben, und die entsprechenden Gefühle hervorrufen.

Besuchen Sie Orte Ihrer Kindheit

Falls es möglich ist, machen Sie eine Reise zu dem Ort, an dem Sie aufgewachsen sind. Sie werden staunen, wie schnell Sie das in die frühere Zeit zurückversetzt. Mir ging es so, als ich nach Jahrzehnten auf dem Spielplatz meines ehemaligen Kindergartens saß. Ich sah mich wieder als die Fünfjährige. Auch in Ihnen werden bestimmte Lokalitäten alte Gefühle wecken. Gehen Sie noch einmal die Straßen entlang. Besuchen Sie Geschäfte, in denen Sie mit Ihren Eltern eingekauft haben. Vielleicht gibt es noch Ihre Kita und Ihre Grundschule. Oder das Haus, in dem Sie gewohnt haben. Falls Ihnen eine Rückkehr real nicht möglich ist, schließen Sie die Augen und erinnern Sie sich an den Ort Ihrer Kindheit. Wie waren Ihre Gefühle zu dieser Zeit?

Schreiben Sie einen Brief aus der Kinderperspektive

Verfassen Sie einen Brief an diejenigen, die in Ihrer Kindheit für Sie maßgeblich waren. Meist sind das die Eltern, aber vielleicht ist es auch ein Verwandter oder eine Lehrerin. Der Psychologe John Bradshaw, ein bekannter Vertreter der Arbeit mit dem inneren Kind, hat diese Methode häufig in seinen Seminaren angewandt. Die Ergebnisse waren sehr berührend. Das kann ich aus meiner Praxis bestätigen. So schrieb Rita, eine 54-jährige Krankenschwester: »Liebe Mama, du hast immer nur getan, was Papa wollte. Und dann hast du dich bei mir ausgeweint, dass er alles bestimmt. Das habe ich von dir übernommen, bis heute habe ich Probleme mit dominanten Männern.« Und Christine, eine 41-jährige Architektin, beklagte sich: »Papa, du hast nie zu mir gehalten. Wenn mir mein Klassenlehrer aus reiner Schikane eine Strafarbeit aufgab, obwohl ich nichts getan hatte, dann hast du nur gesagt: ›Er wird schon seine Gründe dafür haben.‹ Ich hätte mir so gewünscht, dass du dich einmal hinter mich stellst.«

Fühlen Sie sich bei der Gestaltung Ihres Briefes völlig frei. Er darf alles enthalten, Wut, Vorwürfe, Klagen, Liebe, Verständnis oder Dank. Sie müssen ihn nicht abschicken. Er dient dazu, dem Kind, das Sie einmal waren, endlich eine Stimme zu geben und auszudrücken, was es damals bewegt hat.

Auf diese Weise kommen Sie mit Ihrem inneren Kind in Kontakt. Und wofür das Ganze? Weil es eben kein Schnee von gestern ist. Sie glauben vielleicht, sich bewusst zu entscheiden, aber in Wirklichkeit zieht Ihr inneres Kind im Hintergrund die Fäden und sorgt dafür, dass Sie nicht souverän reagieren, sondern trotzig, skeptisch, cholerisch, ängstlich oder angepasst. Deshalb sollte sich Ihr Erwachsenen-Ich mit Ihrem inneren Kind verbünden. Was immer früher war, die Situation hat sich grundlegend geändert. Heute sind Sie erwachsen und fähig, Ihrem inneren Kind zu geben, was es damals schmerzlich vermisst hat.

Lieben Sie Ihr inneres Kind

Sie können mit Ihrem inneren Kind wie ein liebevoller Elternteil sprechen. Nehmen Sie sich dazu Zeit und suchen Sie einen ruhigen Ort auf. Fragen Sie, was es besonders braucht, vielleicht Beruhigung, Lob, Zuspruch, Anerkennung oder Aufmerksamkeit. Vielleicht müssen Sie ihm auch seine Scheu und Scham nehmen, seine Einsamkeit beenden. Was spezifisch nötig ist, ergibt sich aus den frühen Erfahrungen. So hat mein inneres Kind gespeichert, dass es andere wichtiger nehmen muss als sich selbst. Von mir als erwachsene Frau benötigte es die Erlaubnis, auch mal Nein zu sagen, sowie die Bestätigung, dass es in Ordnung ist, eine Bitte abzulehnen.

Nehmen Sie die Bedürfnisse Ihres inneren Kindes wichtig. Sie können ihm schriftlich das Versprechen geben, dass Sie es in Zukunft beschützen werden und niemand es mehr so behandeln darf wie früher: »Du bist nicht allein. Ich bin für dich da. Du bist in Sicherheit. Du kannst mir vertrauen.« Wichtig ist, das nicht nur zu denken, sondern wirklich zu fühlen. Falls Sie es damals nicht von Ihrem Umfeld gehört haben, dann sagen Sie es Ihrem inneren Kind jetzt:

»Du bist ein Wunschkind.«
»Ich bin glücklich, dass es dich gibt.«
»Du bist liebenswert.«
»Du bist schön.«
»Du bist klug.«
»Du bist gut genug.«
»Du bist richtig so, wie du bist.«
»ICH LIEBE DICH!«

Wenn Sie Ihr inneres Kind auf diese Weise annehmen, kann es Ihre Vergangenheit nicht mehr unbewusst bestimmen. Sie wissen, was Sie geprägt und beeinflusst hat. Sie haben erkannt, dass Sie bisher von überholten Erfahrungen beeinträchtigt wurden. Wenn Sie ihm jetzt geben, was es braucht, dann sind Sie und Ihr inneres Kind ein unschlagbares Team.

Seien Sie sich eine gute Freundin

Ein liebevoller Umgang mit sich selbst muss sich nicht nur auf Ihr inneres Kind beziehen. Falls Sie am Boden zerstört sind, weil Sie einen Fehler gemacht oder versagt haben, können Sie eine weitere wirkungsvolle Methode nutzen: Betrachten Sie sich mit Selbstmitgefühl. Den Begriff hat die amerikanische Psychologin Kristin Neff geprägt und gründlich erforscht: Sie definiert »Self-Compassion« als eine warmherzige, verständnisvolle und akzeptierende Haltung gegenüber eigenen Schwächen und Fehlern. Allerdings darf man das nicht mit weinerlichem Selbstmitleid verwechseln. Tatsächlich geht es darum, sich selbst mehr zu lieben. Jedem von uns passiert es zu versagen. Vielleicht ärgern Sie sich, weil Sie zu nachgiebig waren. Vielleicht haben Sie die Kontrolle verloren und jemanden angeschrien. Sie sind ins Fettnäpfchen getreten. Sie haben etwas Wichtiges vergessen. Sie haben über jemanden gelästert. Anschließend gehen Sie hart mit sich ins Gericht, weil Sie nicht optimal reagiert haben: »Wie konnte ich nur?«, »Wie peinlich.«, »Das war gemein von mir.« Genau an dieser Stelle greift die Methode, Selbstmitgefühl zu zeigen. Lenken Sie den Blick vom Versagen auf das, was Sie jetzt emotional brauchen. Das ist sicherlich kein heftiges Nachtreten, sondern liebevolles Verständnis für den Kummer, dass Sie Ihren eigenen Ansprüchen nicht genügt haben. Überlegen Sie, wie eine gute Freundin in so einem Fall reagieren würde. Angenommen, Sie erzählen ihr niedergeschlagen, dass Sie neulich die Beherrschung verloren und jemanden angeschrien haben. Vermutlich sagt sie dann nicht: »Wie konntest du nur? Du hättest dich wirklich zusammenreißen müssen.« Stattdessen findet sie tröstende Worte: »Oh je, da wäre ich auch explodiert. Nimm dir das nicht so übel.« Oder: Sie erzählen Ihrer Freundin, dass Sie im Büro nach einer vernichtenden Kritik vor Ihrem Chef angefangen haben zu heulen. Dann antwortet sie gewiss nicht streng: »Also, das geht wirklich gar nicht. Das ist extrem unprofessionell.« Viel eher nimmt sie Sie in den Arm und sagt: »Mach dir nichts draus. Gefühle sind ein Zeichen für emotionale Intelligenz. Außerdem kann dein Chef ruhig sehen, was er angerichtet hat.« Solches Mitgefühl tut gut. Und das Wunderbare ist, dass Sie dafür nicht unbedingt auf andere angewiesen sind, Sie können es sich auch selbst entgegenbringen. Wenn Sie das nächste Mal hinter Ihrem Ideal zurückbleiben und darunter leiden, dann atmen Sie tief durch. Spüren Sie, dass Sie nun Mitgefühl und Verständnis brauchen. Sprechen Sie mit sich wie eine gute Freundin. Schenken Sie sich tröstende Worte, gehen Sie liebevoll mit sich um. Etwa so: »Mein armer Schatz, ich weiß, das ist jetzt eine schwierige Situation für dich. Du gibst dir so viel Mühe und versuchst, alles gut zu machen, und nun hat es doch nicht geklappt. Aber weißt du, das gelingt nun mal nicht immer. Das ist doch keine Katastrophe.« Sie dürfen auch gerne ein bisschen philosophisch werden: »Das Leben ist eben ein Auf und Ab, zu den Höhen gehören auch Tiefen.«

Möglicherweise wenden Sie jetzt ein: »Wenn ich mich so nett und freundlich behandle, geht doch jede Motivation zur Verbesserung verloren. Am Ende werde ich noch bequem.« Damit kein Missverständnis entsteht: Selbstmitgefühl negiert nicht, dass Sie sich eventuell falsch verhalten haben. Es verdrängt auch nicht, dass Sie deshalb Scham oder Schmerz empfinden. Es verhindert nur, dass Sie sich daran festbeißen. Sie nehmen diese negativen Gefühle und Gedanken einfach wahr, ohne ihnen durch besondere Aufmerksamkeit weiterhin Nahrung zu geben. Stattdessen kümmern Sie sich darum, was Sie innerlich aufrichtet. Forschungsergebnisse haben gezeigt: Selbstmitgefühl verhilft zu emotionaler Stabilität. Es schützt nachhaltig vor Depressionen und Ängsten, die mit negativer Selbstkritik und dem Gefühl von Unzulänglichkeit einhergehen. Die positiven Konsequenzen lassen sich sogar körperlich nachweisen: Ein liebevoller Umgang mit sich selbst schaltet das Bedrohungssystem im Gehirn ab. Es beruhigt die Amygdala, unseren Schalter für Ängste im Gehirn, und steigert nachweislich die Produktion von Oxytocin, einem Hormon für Bindung und Wohlgefühl. Selbstmitgefühl macht unnötigem Grübeln ein Ende und schafft eine hoffnungsvolle Grundhaltung. Damit bringen Sie sich in einen Zustand, der Sie wieder voll handlungsfähig werden lässt. Das ist die beste Voraussetzung, um auf eine verfahrene Situation souverän zu reagieren.

Steuern Sie Ihre Gefühle

Ob Ihre Gefühle für Sie nützlich oder schädlich sind, hängt davon ab, wie gut Sie diese kontrollieren können. Der amerikanische Lebensberater Derek Rydall drückt es so aus: »Die Lösung lautet, im Einklang mit seinen Gefühlen zu sein, sich aber nie zu ihrem Sklaven zu machen.« Tatsächlich gibt es praktikable Methoden, mit ihnen umzugehen.

Kontrollieren Sie heftige Emotionen

Manchmal sind Gefühle so überwältigend, dass man starke Geschütze auffahren muss, um sie in den Griff zu kriegen. Die Auslöser für eine intensive Reaktion können vielfältig sein: Jemand putzt Sie herunter, kränkt Sie, ist unverschämt, verhält sich unfair oder ungerecht. Das löst in Ihnen Gefühle wie eine Stichflamme aus. Je nach Bedeutung des Angriffs könnten Sie auf der Stelle losheulen oder vor Wut ausrasten. Natürlich tut es auch mal gut, Gefühle herauszulassen. Gewitter reinigen ja bekanntlich die Luft und ein offenes Wort kann Wunder wirken. Doch in den meisten Situationen ist das unklug. Mit einem dramatischen Ausbruch im Job mindern Sie Ihre Kompetenz und ein Wutanfall kann private Bindungen zerstören. Nur ist es leider nicht immer möglich, sich auf Knopfdruck zu beherrschen. Heftige Gefühle sind wie wilde Pferde. Ohne die richtige Behandlung gehen sie mit einem durch und können dann Schaden anrichten. Bevor Sie von Frust, Zorn oder Schmerz überwältigt werden, versuchen Sie es doch einmal mit einer der folgenden Strategien. Sie helfen Ihnen, sich in kritischen Situationen zu beherrschen:

Engagieren Sie eine unsichtbare Coachin

Sobald Sie drauf und dran sind, die Fassung zu verlieren, denken Sie an jemanden, der solche Situationen gewöhnlich souverän meistert: Eine furchtlose Comic-Heldin wie Wonder Woman, eine selbstsichere Moderatorin oder Ihre taffe Freundin. Überlegen Sie, wie die sich in Ihrer Situation verhalten würde oder schlüpfen Sie vollkommen in ihre Rolle. Sie werden merken, dass Ihnen diese Fantasie mehr Souveränität verleiht.

Nutzen Sie ein Mantra

Wenn immer wieder die gleichen Auslöser Sie aufregen, sollten Sie sich schon vorab wappnen. Entwickeln Sie einen Leitsatz, der Sie beruhigt. Feilen Sie an der Formulierung so lange, bis er haargenau passt und Sie wirklich überzeugt. Falls Sie dazu neigen aufzubrausen, hilft Ihnen möglicherweise der Satz: »In zehn Jahren ist das völlig unwichtig.« Sind Sie dagegen schnell beleidigt, denken Sie: »Ich nehme das nicht persönlich.« Im akuten Fall wiederholen Sie Ihren Satz innerlich wie ein Mantra. Ihr Unterbewusstes reagiert darauf.

Denken Sie an etwas anderes

Sobald Sie merken, dass Ihre Emotionen zu stark werden, lenken Sie sich gezielt ab. Lösen Sie im Kopf komplizierte Rechenaufgaben, zählen Sie ungerade Zahlen auf, sagen Sie das Alphabet rückwärts oder malen Sie sich Ihren nächsten Urlaub aus. Indem Sie Ihren Geist intensiv beschäftigten, schwächen Sie Ihre Gefühle ab.

Führen Sie Regie

Stellen Sie sich vor, dass die kritische Situation nicht real ist, sondern nur eine Filmszene. Ihre Chefin, Ihr Partner, Ihre Partnerin oder wer immer gerade Ihr Gefühl in Wallung bringt, bemüht sich, den Part oscarreif zu spielen. Er oder sie gibt sich wirklich Mühe, Wut, Demütigung, Gemeinheit oder ein anderes Verhalten möglichst authentisch darzustellen. Das sollten Sie würdigen. Auf diese Weise gelingt es Ihnen, die Situation aus der Distanz zu betrachten. Vielleicht entdecken Sie darin sogar eine gewisse Komik und können mit Humor reagieren.

Nutzen Sie Ihren Körper als Blitzableiter

Nicht nur mit Fantasie, auch mit Ihrem Körper lassen sich heftige Gefühle stoppen, ohne dass Ihr Gegenüber es wahrnimmt. Aufsteigende Tränen unterdrücken Sie, indem Sie Ihre Pobacken zusammenkneifen. Wenn Sie Ärger und Wut ableiten wollen, pressen Sie Ihre Oberarme eng an den Körper. Spannen Sie sie so fest an, wie Sie können, und lassen Sie sie dann wieder locker. Auch bewusstes Atmen wirkt beruhigend. Zählen Sie beim Einatmen und beim Ausatmen jeweils bis vier.

Verwandeln Sie Ihre Gefühle in Aktion

Starke Gefühle bedeuten Stress, und der lässt sich durch Bewegung verringern. In der aktuellen Situation sind meist nur kleine Aktivitäten möglich. Trotzdem sollten Sie auch die nutzen, um sich zu lockern. Öffnen Sie das Fenster. Lassen Sie einen Stift fallen und heben Sie ihn wieder auf. Gehen Sie ein paar Schritte im Raum hin und her.

Nehmen Sie eine Auszeit

Bevor Sie Dinge tun oder sagen, die Sie später bereuen, sollten Sie sich zumindest kurzzeitig aus dem Verkehr ziehen. Falls Sie offen sprechen können, erklären Sie: »Ich bin jetzt so wütend (traurig, gekränkt, enttäuscht, verwirrt), dass ich mich erst einmal beruhigen muss. Wir sollten später in Ruhe darüber reden.« Ist es unmöglich, sich für längere Zeit zu entfernen, entschuldigen Sie sich einfach damit, dass Sie zur Toilette müssen oder sich ein Glas Wasser holen möchten. Nutzen Sie die kleine Pause, um sich zu beruhigen.

Trotz dieser Hilfsmittel für mehr Gelassenheit kommt es bei Gefühlen manchmal ähnlich wie beim Zünden einer Rakete zum »Point of no Return«, dem Augenblick, wo sich beim besten Willen nichts mehr stoppen lässt. Ihre Gefühle gehen mit Ihnen durch. In den meisten Fällen ist das jedoch weniger dramatisch, als Sie glauben. Auch nachträglich können Sie noch beweisen, dass Sie souverän sind. Sobald Sie sich wieder gefangen haben, erklären Sie sachlich, warum Sie so extrem reagiert haben. Etwa weil Sie überarbeitet oder völlig überrascht waren, Kopfweh hatten oder ein Missverständnis vorlag. Entschuldigen Sie sich dann für Ihre heftige Reaktion, aber nicht für Ihr Gefühl!

Entzaubern Sie Ihr schlechtes Gewissen

Ein starkes Gefühl müssen wir uns besonders vornehmen, wenn wir souverän sein wollen: Das Schuldgefühl. Im Prinzip handelt es sich dabei um eine weise Einrichtung der Natur, denn es hilft, unser soziales Verhalten zu regulieren. Wir wissen, was man tun darf und was nicht. Sobald wir gegen gesellschaftliche Spielregeln, Normen oder strikte moralische Vorstellungen verstoßen, schickt unser Unterbewusstsein das Schuld-Monster herauf, das uns so lange quält, bis wir unser Unrecht einsehen und wiedergutmachen. Was sinnvoll ist, sofern es sich um echte Vergehen wie Lügen, Betrügen oder Stehlen handelt. Aber leider geht die Alarmanlage auch bei harmlosen Verstößen los. Sie ist nämlich darauf programmiert, was wir – ja, da ist es wieder! – in jungen Jahren verinnerlicht haben. Gerade wir Frauen haben in diesem Punkt eine besonders präzise Justierung unseres Gewissens erlebt. Schon kleine Abweichungen vom Ideal der Freundlichkeit und Hilfsbereitschaft können heftige Schuldgefühle auslösen. Wie gut das funktioniert, erfuhr ich erst neulich wieder. Ich rief eine Freundin an, weil ich eine Auskunft benötigte. Sie antwortete auf meine Frage kurz angebunden. Ich fand das nicht weiter schlimm und vermutete, dass sie gerade zeitlich unter Druck stand. Später meldete sie sich mit deutlich schlechtem Gewissen und entschuldigte sich wortreich, sie habe mich nicht verletzen wollen, aber sie sei gerade sehr beschäftigt gewesen.

Wohl die meisten von uns wissen, wie mies es sich anfühlt, nicht dem entsprochen zu haben, was andere offenbar von uns erwarteten. Die Gedanken kreisen: »Warum habe ich mich bloß so verhalten?«, »Wie konnte ich nur so etwas tun?« Unsere innere Kritikerin mischt mit: »Das war wirklich schlecht von dir!«, »Du bist egoistisch.« Dabei haben wir vielleicht nur keine Lust gehabt, uns zu melden oder haben eine Bitte abgeschlagen.

Warum lösen solche Kleinigkeiten einen derartigen Aufruhr im Innern aus? Diese Art von Schuldgefühlen entsteht, weil in uns zwei Kräfte miteinander ringen. Das ist keineswegs der Kampf des Bösen gegen das Gute, auch wenn Sie das vielleicht glauben. Es ist lediglich der Ausdruck eines inneren Konfliktes zwischen gelerntem und natürlichem Verhalten: Wenn wir tun, was andere wünschen, dürfen wir uns als guter Mensch fühlen. So hat man es uns beigebracht. Dem steht jedoch unser gesunder Egoismus entgegen.

Dieser Gegensatz von Erziehung und Natur setzt Sie als Erwachsene in eine Zwickmühle: Geben Sie dem Willen der anderen nach, handeln Sie gegen Ihre Interessen und ärgern sich über sich selbst. Beschließen Sie, Ihre eigenen Bedürfnisse in den Vordergrund zu stellen, quälen Sie Schuldgefühle, weil Sie Ihr Gegenüber nicht wichtig genug genommen haben.

Aus dieser Zwickmühle kommen Sie heraus, indem Sie sich bewusst für eines von beiden entscheiden: Wenn Sie sich für Ihre eigenen Interessen einsetzen, dann stehen Sie dazu. Es ist Ihr gutes Recht, sich selbst den Vorzug zu geben. Die anderen tun es schließlich auch. Also kein Grund für Schuldgefühle. Wenn Sie beschließen, den Wünschen anderer nachzugeben, ist das auch völlig in Ordnung. Nur tun Sie es bitte aus Überzeugung und nicht, weil man Sie manipuliert hat.

Sie bereuen wirklich, was Sie getan haben? Etwa weil Sie jemanden sehr verletzt oder ihm geschadet haben? Dann sind Schuldgefühle trotzdem keine Option. Die ändern nämlich nichts. Effektiver ist es, wenn Sie aus der Erfahrung Schlüsse für die Zukunft ziehen. Was würden Sie in einer ähnlichen Situation demnächst anders machen? Welche persönliche Einstellung oder welches Verhalten möchten Sie ändern? Können Sie Wiedergutmachung leisten? Damit nutzen Sie Ihre Schuldgefühle konstruktiv und entwickeln sich weiter.

Leider gehen Schuldgefühle nicht gleich weg, nur weil Sie ihre Sinnlosigkeit erkannt haben. Sie tauchen trotzdem immer wieder auf. Das heißt aber keineswegs, dass Sie bis ans Ende Ihrer Tage in gleicher Stärke darunter leiden müssen. Stehen Sie das automatisch auftauchende schlechte Gewissen durch, ohne sich davon beeindrucken zu lassen. Dadurch wird es im Laufe der Zeit immer schwächer. Vor allem, wenn Sie feststellen, dass die Welt nicht untergeht, weil Sie einmal an sich selbst gedacht haben oder weil Ihnen ein Fehler unterlaufen ist. Verzeihen Sie sich, was geschehen ist. Hören Sie auf, sich an einem Idealbild zu messen, niemand ist perfekt.

Setzen Sie das ABC der Gefühle ein

Auch wenn es oft so wirkt, unsere Gefühle sind nicht fein säuberlich von unserem Verstand getrennt – hier das rationale Denken, dort das unberechenbare Gefühl. In welchem Maße wir emotional auf ein Ereignis reagieren, hängt auch von unseren Gedanken ab. Sie können uns dazu bringen, einem unwichtigen Ereignis eine extreme Bedeutung zuzuordnen und mit einem heftigen Gefühl zu reagieren.

Mit der Auswirkung des Denkens auf unsere Gefühle beschäftigt sich besonders die Kognitive Verhaltenstherapie. Albert Ellis, ein prominenter Vertreter dieser Richtung, hat eine praktische Methode entwickelt, mit der man über Gedanken die Gefühle beeinflussen kann. Er nennt sie das »ABC der Gefühle«: Auf eine auslösende Situation (A) folgt eine Bewertung (B). Daraus ergibt sich eine emotionale Reaktion (C). Wenn Sie Ihre Bewertung ändern, ändern sich auch Ihre Gefühle. Das bedeutet, dass Sie ihnen nicht willenlos ausgeliefert sind. Sie können zwischen den äußeren Reiz und Ihrer Reaktion einen Zeitpuffer schalten, in dem Sie Ihre Gedanken überprüfen und sie gegebenenfalls korrigieren. Das lässt sich auf alle negativen Ereignisse anwenden. Angenommen, Ihr Partner hat Sie verlassen. Während etwa der Gedanke »Wie furchtbar, ich werde nie wieder jemanden so lieben wie ihn« Verzweiflung hervorruft, verursacht der Gedanke »Es ist traurig, dass er mich verlassen hat, aber ich werde eine neue Liebe finden« ein hoffnungsvolles Gefühl. Oder Sie sind durch eine Prüfung gefallen. Statt durch den Gedanken »Das ist eine Katastrophe!« in Panik zu geraten, beruhigen Sie sich: »Es ist kein Drama. Ich werde sie wiederholen.«

Das ABC der Gefühle ist eines meiner Lieblingsmodelle, weil es einfach und effektiv ist. Wie gut es funktioniert, konnte ich kürzlich wieder feststellen: Ich war zur Hochzeit einer Freundin eingeladen. Das Paar feierte mit vielen Gästen in einem Restaurant. Man plauderte zunächst im Stehen bei einem Glas Sekt. Zum Essen suchte sich dann jeder seinen Platz, der mit einem Tischkärtchen gekennzeichnet war. Ich fand meinen Namen. Man hatte mich weit weg vom Brautpaar in der Nähe des zugigen Eingangs zum Lokal positioniert, gleich neben den Lautsprecherboxen für die Musik. Meine spontanen Gedanken waren nicht gerade positiv: »Die haben mich hier an den schlechtesten Tisch gesetzt, so wenig schätzen sie mich also.« Meine Laune war im Keller, am liebsten wäre ich gegangen. Doch dann fiel mir zum Glück das ABC der Gefühle ein und ich wandte es sofort an. Den Platz im Lokal (A) konnte ich zwar nicht ändern, wohl aber meine Bewertung: »Das besagt nichts über die Wertschätzung der Brautleute mir gegenüber, schließlich müssen sie alle Gäste unterbringen. Außerdem ist hier am Eingang frische Luft.« (B). Daraufhin entspannte ich mich vollkommen (C). Als meine Tischnachbarn eintrafen, rückten wir die Stühle aus der Zugluft und baten darum, die Musik etwas leiser zu stellen. Was soll ich sagen? Es wurde ein wunderbarer Abend. Am Ende war ich überzeugt, den besten Tisch vom ganzen Lokal erwischt zu haben. Dankc, Mr Ellis.

Das ABC der Gefühle zeigt, dass Sie in Ihrem klugen Kopf einen guten Verbündeten haben. Wenn Sie ihn benutzen, sind Sie Ihren negativen Gefühlen nicht mehr auf Gedeih und Verderb ausgeliefert, sondern können sie steuern.

Pflegen Sie positive Gefühle

Natürlich geht es nicht immer nur darum, negative Gefühle zu beeinflussen. Zur Souveränität gehört auch, sich positive Gefühle zu erlauben. Tatsächlich ist das gar nicht so einfach, wie viele vielleicht glauben. Vielleicht haben Sie schlechte Erfahrungen gemacht. Sie sind verbittert, weil man Sie betrogen, übervorteilt oder ausgenutzt hat. Seitdem haben Sie sich zurückgezogen, um nicht mehr verletzt zu werden. Oder Sie haben gelernt, zurückhaltend mit Sympathiebekundungen zu sein. Möglicherweise verbieten Sie sich auch Freude, um später nicht enttäuscht zu werden.

Warum auch immer, wenn Ihre positiven Gefühle reduziert sind, möchte ich Sie ermutigen: Kommen Sie aus Ihrem emotionalen Schneckenhaus, das Leben wartet auf Sie.

Seien Sie dankbar

Ein Königsweg zu positiven Gefühlen ist Dankbarkeit. Leider glauben wir meist, dass es eines spektakulären Anlasses bedarf, damit wir Grund zur Dankbarkeit haben. So etwa in der Größenordnung Lottogewinn, Lebensrettung, Traumjob, große Liebe oder Megaerfolg. Doch auch ohne besondere Ereignisse gibt es mit Sicherheit jeden Tag zahlreiche Gründe, dankbar zu sein. Und die sollten Sie unbedingt entdecken. Der amerikanische Psychologe Robert Emmons hat in Experimenten nachgewiesen, dass Dankbarkeit die Lebensfreude und Gesundheit fördert, sich auf die aktuelle Stimmung auswirkt und sogar unsere Anziehungskraft auf andere vergrößert. Das klingt verlockend, doch wie empfindet man aus dem Stand heraus mehr Dankbarkeit? Auf die folgende Weise können Sie Ihr Dankbarkeitslevel im Alltag erhöhen:

Führen Sie ein Dankbarkeitstagebuch

Legen Sie ein kleines Notizbuch auf Ihren Nachttisch. Tragen Sie jeden Abend in Stichworten ein, was am Tag gut gewesen ist. Von »Ein nettes Kompliment bekommen« bis »Ein Schnäppchen beim Shoppen gemacht« notieren Sie alles, was bei Ihnen in den vergangenen vierundzwanzig Stunden ein gutes Gefühl verursacht hat. Manchmal steht unter einem Datum viel Text, manchmal nur ein einziger Satz, aber immerhin. Wenn es Ihnen zu mühsam ist, etwas aufzuschreiben, können Sie auch vor dem Einschlafen im Kopf drei Dinge rekapitulieren, die am Tag gut gelaufen sind.

Erst wenn Sie darüber nachdenken, was Ihnen täglich Gutes widerfährt, wird es Ihnen so richtig bewusst. Sie erkennen, wie viele glückliche und interessante Augenblicke Sie erleben, wie viel Unterstützung Sie von anderen bekommen, wie viele angenehme kleine Überraschungen ein Tag für Sie bereithält. In der Summe setzt sich das wie in einem Puzzle zu einem glücklichen Leben zusammen.

Vergleichen Sie sich

Sie finden, Sie haben derzeit nicht viel Grund, dankbar zu sein? Die Kinder nerven, die Wohnung ist zu klein, das Homeoffice strengt Sie an, die Partnerschaft ist auf dem Tiefpunkt. Wenn Sie unzufrieden sind, ist es hilfreich, sich mit Menschen zu vergleichen, denen es schlechter geht als Ihnen. Die amerikanische Schriftstellerin Helen Keller, die durch eine Fieberkrankheit in ihrer Kindheit taub und blind wurde, fasst das anschaulich in Worte: »Ich weinte, weil ich keine Schuhe hatte, bis ich jemanden traf, der keine Füße hatte.« Durch einen Blick auf das Leiden anderer relativiert sich Ihr eigenes. Sie erkennen, dass Ihr persönliches Drama nicht das Schlimmste ist.

Danken Sie bewusst anderen Menschen

Dankbarkeit stärkt Ihre sozialen Bindungen. Sie ist das Wundermittel, mit dem Sie herzliche und vertrauensvolle Beziehungen zu anderen Menschen herstellen können. Dankbarkeit baut Freundschaften auf, hält die Familie zusammen, macht die Partnerschaft glücklich und schafft Loyalität im Job. Deshalb: Bedanken Sie sich für alles, was man für Sie tut. In welcher Form das geschieht, ist dabei weniger entscheidend. Am einfachsten ist der verbale Ausdruck. Dabei empfiehlt es sich, möglichst präzise zu sein. Statt eines allgemeinen »Danke, dass du mir zugehört hast«, sagen Sie etwa: »Es hat mir sehr gutgetan, dass ich mich bei dir aussprechen konnte. Ich bin dir dankbar, dass du Zeit und einen guten Rat für mich hattest.« Aber auch mit kleinen Aufmerksamkeiten können Sie Ihre Dankbarkeit zeigen. Sie werden erfahren, wie recht der englische Philosoph Francis Bacon hatte: »Nicht die Glücklichen sind dankbar. Es sind die Dankbaren, die glücklich sind.«

Folgen Sie Ihrem Herzen

Gegenwärtig braucht unsere Welt mehr Herz als je zuvor. Viele Menschen fühlen sich isoliert. Erst kürzlich bekam ich die Einladung zu einem Trendtag mit dem Thema: »Einsamkeit ist das Problem des 21. Jahrhunderts.« Sicher gilt das ebenso für Existenzängste, die Sorge um die eigene Gesundheit und um die unserer Lieben, um das Klima und die Konflikte auf der Welt. Zwar ist es nötig, in Krisen einen kühlen Kopf zu bewahren, aber Trost und Mut sind vor allem über das Herz erreichbar. Nur sind wir kaum gewohnt, auf unser Herz zu hören. So hat schon der berühmte Arzt Albert Schweitzer festgestellt: »Viel Kälte ist unter den Menschen, weil wir nicht wagen, uns so herzlich zu geben, wie wir sind.« Das stimmt, wir haben oft Angst, Gefühle zu zeigen. Es könnte falsch verstanden werden, etwa wenn wir jemanden spontan umarmen oder mit ihm weinen, obwohl wir ihn kaum kennen. Seien Sie hin und wieder ruhig weniger kontrolliert und stattdessen empathischer, liebevoller, fürsorglicher und freundlicher – alles Tugenden des Herzens. Dann sind Sie im wahrsten Sinne des Wortes »herzlich« und gewinnen damit andere Menschen. Hier sind einige Anregungen dazu:

Schauen Sie andere Menschen mit dem Herzen an

Der Dichter Antoine de Saint-Exupéry lässt seinen kleinen Prinzen sagen: »Man sieht nur mit dem Herzen gut. Das Wesentliche ist für die Augen unsichtbar.« Urteile über andere Menschen, die mit dem Verstand gefällt werden, sind meist kalt. Ein Wort, das mir immer einen Schauer über den Rücken jagt, ist »Minderleister« für Angestellte, die nicht die geforderte Aufgabe erfüllen. Oder »Humankapital« für Arbeitskräfte. Niemals würde man so etwas mit Herz formulieren. Wenn Sie andere Menschen mit Ihrem Herzen anschauen, entwickeln Sie Verständnis. Sie fragen: »Warum ist er oder sie so geworden?« Mit Sicherheit fällt Ihr Urteil dann milder aus.

Fragen Sie Ihr Herz, was Sie tun sollen

Unser Verstand ist von Haus aus eher egoistisch. Er fragt kühl: »Was habe ich davon? Nichts? Dann lasse ich es lieber.« Das Herz jedoch ist der Ort der Empathie. Es teilt uns mit, was wir für andere tun sollen. Zu Recht hat der französische Essayist Joseph Joubert den Aphorismus geprägt: »Der Verstand kann uns sagen, was wir unterlassen müssen, aber das Herz kann uns sagen, was wir tun müssen.« Auch wenn das vielleicht keinen materiellen Gewinn bringt, macht es Sie als soziales Wesen glücklich.

Hören Sie auf Ihr Herz

In seiner Rede vor Absolventen der Universität Stanford beschwor Steve Jobs seine ZuhörerInnen: »Lassen Sie nicht zu, dass die Meinungen anderer Ihre innere Stimme ersticken. Am wichtigsten ist es, dass Sie den Mut haben, Ihrem Herzen und Ihrer Intuition zu folgen. Alles andere ist nebensächlich.« Da hatte Jobs gerade eine Krebsbehandlung überstanden. Er wusste, wovon er sprach. Wie oft richten wir uns nur nach der Stimme der Vernunft. Im Beruf orientieren wir uns am Gehalt und den Karrieremöglichkeiten, anstatt an der Leidenschaft für die Sache. In der Liebe lehnen wir jemanden ab, der nicht die richtige Ausbildung oder Familie hat, und geben ihm keine Chance. Solche Entscheidungen mögen vernünftig sein, aber sie machen nicht glücklich. Das Herz zeigt den richtigen Weg.

Lassen Sie Ihr Herz sprechen

Ein Sprichwort sagt: »Was vom Herzen kommt, geht zum Herzen.« Dies schafft eine Verbindung von Mensch zu Mensch. Andere spüren, ob Sie für das brennen, was Sie sagen. Man hört es am Tonfall, sieht es in Ihren Augen. Ihre Körpersprache vermittelt Ihr Engagement. Das erreicht wie eine Welle das Herz Ihres Gegenübers. Ein negatives Beispiel erlebte ich vor einiger Zeit auf einer Tagung: Die Rednerin sprach routiniert, aber ohne Herz an der harten Arbeitswelt des Publikums vorbei. Daraufhin begannen einige, sich zu unterhalten, manche verließen den Saal oder holten sich einen Kaffee am Büfett. Es gab keine Resonanz.

Dass ich hier die Kraft des Herzens betone, ist kein Plädoyer gegen den Verstand. Auch er hat seine wichtige Funktion. Aber Ihr Herz darf nicht zu kurz kommen. Optimal ist es, wenn beide Verbündete sind, denn sie ergänzen sich. Der Mathematiker und

Philosoph Blaise Pascal hat in einem berühmten Satz formuliert, warum das notwendig ist: »Das Herz hat seine Gründe, die der Verstand nicht kennt.« Seien Sie mutig, hören Sie auf Ihr Herz.

Pflegen Sie Ihre Intuition

Ihre Gefühle können noch mehr für Sie tun. Als Intuition geben sie Ihnen wertvolle Impulse aus einer tieferen Schicht Ihres Bewusstseins. Intuition ist das Gegenteil von reiflicher Überlegung, mit ihr können Sie blitzschnell Schlüsse aus einer Situation ziehen. Das wirkt oft wie Zauberei, wohl deshalb bezeichnet man die Intuition auch gerne als »Siebten Sinn«. Aber mit Magie hat das nichts zu tun. Es handelt sich um eine Kombination von Gefühl und Erfahrung. Im Laufe unseres Lebens haben wir jede Menge Wissen über Menschen, Dinge und Situationen gespeichert. Intuition bedeutet, das logische Denken zu umgehen und dieses Wissen direkt anzuzapfen. Sie hilft, auf der Basis von Kenntnissen komplexe Zusammenhänge zu bewerten.

In meinem Coaching spielt Intuition eine große Rolle. Sie beruht auf jahrzehntelanger psychotherapeutischer Erfahrung. Wenn ich von einer Klientin alle notwendigen Fakten erfahren habe, entsteht in mir ein Gesamtbild, das größer ist als die Summe seiner Teile. Damit komme ich wesentlich schneller zum Kern des Problems als mit Tests oder langwierigen Analysen. Natürlich gleiche ich meine Erkenntnisse mit meiner Gesprächspartnerin ab und überprüfe, ob ich richtigliege.

Intuition kann Sie auch vor falschen Entscheidungen bewahren. Versetzen Sie sich doch einmal in diese Situationen: Sie haben beste Aussicht auf Ihren Traumjob. Freundlich reicht Ihnen der Personalchef den Stift, damit Sie den Arbeitsvertrag unterschreiben. In diesem Moment spüren Sie, dass diese Stelle doch nicht die richtige für Sie ist. Oder: Die zu vermietende Wohnung ist groß, ruhig und bezahlbar. Eigentlich ideal, trotzdem haben Sie ein ungutes Gefühl. Gewiss gehört eine große Portion Mut dazu, in so einem Fall konsequent der eigenen Intuition zu folgen. Aber genau das bewahrt uns häufig vor unerfreulichen Überraschungen. In einem solchen Fall können wir nicht einmal sagen, was unser Verhalten bestimmt hat. Das ist typisch. Sollten wir rational erklären, aufgrund welcher Details das Ergebnis zustande gekommen ist, müssten wir passen. Wir können höchstens sagen: »Ich wusste es einfach.«, »Plötzlich kam mir die Erleuchtung.« oder »Ich hatte so ein mulmiges Gefühl.« Diese rational schwer zu vermittelnden Erkenntnisse führen dazu, dass die Intuition häufig als unsachlich oder zu emotional unterschätzt wird. Dabei ist sie nicht zuletzt ein wichtiges Instrument, um uns vor Gefahr zu warnen. Der US-Personenschützer Gavin de Becker sagt: »Statt dankbar zu sein, diese mächtige innere Ressource zu haben, sind wir sehr schnell bei der Hand, diese Impulse lächerlich zu machen.«

Wenn Sie Ihre Intuition trainieren möchten, sollten Sie dafür gute Bedingungen schaffen. Eine Voraussetzung ist, innerlich und äußerlich zur Ruhe zu kommen, denn nur dann meldet sie sich. Das kann heißen: Ziehen Sie sich in eine stille Ecke zurück. Schließen Sie die Augen und stellen Sie eine konkrete Frage, die Sie bisher noch nicht klar beantworten konnten. Etwa: »Soll ich diesen Auftrag annehmen?« oder »Tut mir diese Freundschaft gut?« oder »Kann ich mich in dieser Gegend erholen?« Hören Sie in sich hinein. Haben Sie Geduld, Ihre Intuition wird zu Ihnen sprechen. Wie, das ist bei jedem Menschen unterschiedlich. Es kann sein, dass vor Ihrem geistigen Auge ein Bild auftaucht. Oder Sie hören eine innere Stimme, die einen deutlichen Satz sagt, etwa: »Tu das nicht!« oder »Trau dich!« Oft reagiert auch der Körper, sei es mit Unwohlsein oder einem freudigen Kribbeln. Es können auch mehrere Anzeichen bei unterschiedlichen Gelegenheiten sein. Wenn es um berufliche Anfragen geht, zeigt sich zum Beispiel meine Intuition als freudiges »Ja« meiner inneren Stimme. Bin ich im Coaching dicht am Kern des Problems meiner Klientin, bekomme ich eine Gänsehaut. Sind Sie erst einmal gewohnt, auf Ihr tieferes Wissen zu hören, brauchen Sie weniger Zeit und Rückzug. Sie nehmen es dann unmittelbar und spontan wahr. Achten Sie darauf, wann Ihr persönliches Zeichen auftaucht und wischen Sie es nicht mit rationalen Argumenten weg. Ihre Intuition ist ein kostbarer Wegweiser zu dem, was zu Ihnen passt und gut für Sie ist.

Schätzen Sie Ihre Gefühle

Ich hoffe, meine Anregungen inspirieren Sie dazu, souverän mit Ihren Gefühlen umzugehen. Wobei ich zugebe, dass das nicht immer einfach ist. Angesichts von Trauer, Liebeskummer, Ärger und Eifersucht schon gar nicht. Aber selbst Glück und Freude zu empfinden, ist nicht ohne Wermutstropfen. Schließlich steckt darin bereits der Keim der Veränderung. Zu einem angenehmen Gefühl wie Goethes Faust zu sagen »Verweile doch, du bist so schön«, ist leider vergeblich. Wie diese kleine orientalische Geschichte illustriert: Ein Sultan gibt den Weisen seines Hofes den Auftrag, eine Botschaft zu entwickeln, die ihn aufrichtet, wenn er verzweifelt ist. Kurz muss sie sein, denn er will sie in seinen Ring eingravieren lassen. Er erhält das Ergebnis in dem Satz: »Auch das geht vorüber.« Tatsächlich macht ein Blick auf die Inschrift dem Sultan Mut, als er eine Schlacht verliert. Wenig später wendet sich das Blatt, er erringt einen Sieg. In der Euphorie fällt sein Blick auf die Gravur in seinem Ring. Ihm wird klar, dass der Satz nicht nur für Leid gilt, sondern auch für Freude.

Die Frage ist, welche Konsequenzen Sie aus der Vergänglichkeit der Gefühle ziehen wollen. Sie können beschließen, Ihre Gefühle auf Sparflamme zu halten. Dann kann Ihnen nicht allzu viel passieren. Aber wollen Sie das wirklich? Stellen Sie sich eine Welt ohne Gefühle vor, in der pure Rationalität herrscht. Ohne Liebe, ohne Kummer, ohne Glück und Herzschmerz wäre das Leben nicht mehr lebenswert. So sehr uns unsere Gefühle manchmal auch quälen – ohne geht es nicht. Deshalb nehmen Sie sie als Geschenk, die negativen wie die positiven. Und je mehr Sie darüber wissen, desto souveräner können Sie damit umgehen.

III. TEIL:
KRAFTVOLL SPRECHEN

Also, ich finde es eigentlich ziemlich schade, dass man uns Frauen nie richtig zuhört. Dabei haben wir doch wirklich Wichtiges zu sagen, nicht wahr? Jedenfalls habe ich das Gefühl, dass es sich für uns lohnen würde, daran zu arbeiten, und fände es ziemlich gut, wenn ich Sie davon überzeugen könnte.

Mal ehrlich, kommen Ihnen diese Sätze etwas merkwürdig vor? Sollte Ihnen nicht aufgefallen sein, wie weichgespült ich formuliert habe, kann ich es Ihnen nicht einmal verdenken. Wir Frauen sind so gewohnt, uns auf spezifische Weise zu verständigen, dass wir es kaum noch registrieren. Allerdings bemerken wir sehr wohl, dass wir oft nicht ernst genommen und unsere Beiträge überhört werden. Vor allem bei Männern passiert uns das häufig. Die scheinen manchmal gar nicht aufzunehmen, was wir sagen. Und das gilt keineswegs nur für überhebliche Machos, sondern auch für solche, die uns lieben und respektieren. Die Ursache dafür liegt in der unterschiedlichen Einstellung der Geschlechter, die sich deutlich in der Sprache niederschlägt. Zahlreiche Untersuchungen befassen sich mit dem Zusammenhang von Sprache und Geschlecht. Am anschaulichsten bringt die amerikanische Soziolinguistin Deborah Tannen die Ergebnisse auf den Punkt. Ihr zufolge leben Frauen in einer Beziehungswelt, Männer in einer Statuswelt. Von daher sprechen sie eine unterschiedliche Sprache. Schauen wir uns zunächst diese beiden »Welten« an:

Clash der Welten: Beziehung versus Status

Das Passwort für die weibliche Beziehungswelt lautet Verbundenheit. Uns Frauen ist besonders an Harmonie gelegen. Wir bemühen uns, möglichst Übereinstimmung herzustellen. Dazu gehört, dass wir jedes Anzeichen von Überlegenheit meiden und Unterschiede herunterspielen. Vermutlich haben Sie selbst schon gemerkt, wie leicht Sie sich Ihrem Gegenüber anpassen. Bewusst oder unbewusst fahren wir Frauen ständig unsere Antennen aus, um zu orten, wie es den Menschen in unserer Nähe geht. Kein Wunder, dass wir es darin inzwischen zur Meisterschaft gebracht haben. So haben Studien ergeben, dass Frauen weitaus besser als Männer die Stimmung einer Person an ihrer Mimik erkennen können.

In der Beziehungswelt spricht man eine Sprache mit wenig Ecken und Kanten. Ich nenne sie die »Seidenpapier-Sprache«, weil alle Aussagen möglichst weich und zart verpackt werden, damit nur ja niemand Anstoß daran nimmt. Grammatisch geschieht das vor allem durch die Möglichkeitsform: »Ich würde mich freuen, wenn Sie mich anrufen.« Außerdem enthält die Beziehungssprache zahlreiche Floskeln, die Bescheidenheit suggerieren, wie: »Es ist vielleicht eine dumme Frage, aber ...« Sie lässt dem Gesprächspartner auch gerne die Wahl, worauf er reagieren will, indem sie zwei Botschaften gleichzeitig transportiert. So antworten viele Frauen auf die Frage, wie es ihnen geht: »Eigentlich ganz gut.« Selbst schärfere Töne werden mit einem soften Vorspann gemildert: »Würden Sie bitte so freundlich sein und mich nicht immer unterbrechen?« Gewiss merken Sie schon an diesen wenigen Beispielen: Die Sprache der Beziehungswelt schafft ein Klima, in dem sich alle wohlfühlen.

In der männlichen Statuswelt geht es weniger verbindlich zu. Typisch ist, dass man(n) sich unabhängig gibt. Das zeigt sich bereits in alltäglichen Dingen. Wie kürzlich bei meiner Freundin Silke. Bei ihrem neuen Fernseher mussten die Sender eingestellt werden. Bevor ihr Ehemann aufgab und einen Experten beauftragte, bastelte er stundenlang dilettantisch daran herum. Um Hilfe zu bitten, bedeutet in der Statuswelt, Schwäche zu zeigen. Oft habe ich in meiner psychotherapeutischen Praxis erfahren, wie schwer es besonders den männlichen Klienten zu Beginn fällt, über ihre Probleme zu sprechen. Für viele kommt es einer Bankrotterklärung gleich, dass sie die nicht selbst lösen können. Meist wandten sie sich erst an mich, wenn sie absolut keinen Ausweg mehr wussten, und sogar dann überwiegend auf Anraten ihres Arztes oder einer Frau aus ihrem Umfeld.

Rangordnung ist in der Statuswelt von besonderer Bedeutung. Den größten Status besitzt, wer das Sagen hat. Wer Anordnungen entgegennimmt, steht auf einer niedrigeren Stufe. Von daher ist es nur logisch, dass hier Anweisungen eine wichtige Rolle spielen: »Machen Sie das bis morgen früh fertig.« Aussagen sind meist kurz und knapp formuliert: »Das passt mir nicht.« Über Gefühle spricht man(n) äußerst ungern. Schließlich sind sie die Achillesferse jeder Dominanz.

Sie werden in Ihre Sprachwelt geboren

Wahrscheinlich fragen Sie sich nun, wie wir eigentlich in diese verschiedenen (Sprach-)Welten geraten. Ganz einfach: Wir werden hineingeboren. Von unserem Geschlecht hängt ab, worauf wir als Heranwachsende hauptsächlich unsere Aufmerksamkeit richten. Gleichzeitig liegt damit fest, welche Art von Sprache wir lernen. Die Wissenschaft ist sich immer noch nicht einig, wie weit diese Unterschiede nun angeboren oder erworben sind. Aber gesellschaftliche Normen haben definitiv einen großen Einfluss. Wie man »richtig« spricht, lernen Jungen und Mädchen vor allem von ihren SpielkameradInnen. Das belegt eine interessante Tatsache: Wenn Eltern mit einem ausländischen Akzent oder starkem Dialekt in eine andere Gegend ziehen, übernehmen ihre kleinen Kinder nicht die Aussprache von Vater und Mutter, sondern die der Region.

Mit der Sprache kopieren Jungen und Mädchen auch das Verhalten ihres sozialen Umfelds. Schließlich findet Sprache nicht im luftleeren Raum statt. Kleine Jungen bevorzugen größere Gruppen, die hierarchisch strukturiert sind und meist einen Anführer haben. Bei ihren Spielen gibt es fast immer Gewinner und Verlierer. Mädchen dagegen bevorzugen kleine Gruppen. Dabei achten sie darauf, dass alle gleich viel zu sagen haben. Sie handeln eher Kompromisse aus und bevorzugen Spiele, bei denen es nicht ums Gewinnen geht, zum Beispiel »Mutter und Kind« oder »Sich verkleiden«.

An diesen Einflüssen ändern auch aufgeschlossene Mütter und Väter wenig. Selbst wenn ein modernes Elternpaar es unterstützt, dass seine kleine Tochter Abenteuerbücher liest und den Jungs aus der Nachbarschaft zeigt, wie man Tore schießt, signalisieren ihr Gleichaltrige doch recht schnell, dass mit ihr etwas nicht stimmt. Falls sich das kleine Mädchen nicht isolieren will, muss es sich notgedrungen im Verhalten und in der Sprache anpassen. Einem kleinen Jungen in gleicher Lage geht es kaum besser. Obwohl Mama ihn ermutigt, seine Gefühle zu zeigen und auch mal zu weinen, treiben ihm seine Freunde in Kita und Schule die Sensibilität schnell wieder aus. Schließlich will er nicht als Weichei gelten. Sind wir endlich erwachsen, hat sich die seit Jahrzehnten geübte Einstellung in der Sprache meist so verfestigt, dass wir sie nicht mehr hinterfragen.

Möglicherweise klingt diese Beschreibung der weiblichen Beziehungswelt und der männlichen Statuswelt mitsamt den dazugehörigen Sprachen in Ihren Ohren klischeehaft. Sie könnten Beispiele anführen, wo eine Frau im harschen Befehlston ein Dutzend Männer herumkommandiert oder ein Mann sich soft in seine Freundin einfühlt. Ich bestreite nicht, dass es Ausnahmen gibt. Doch insgesamt verändern sich Geschlechterrollen nur langsam. Falls Sie daran zweifeln, dass wir Frauen uns überwiegend in der Beziehungswelt aufhalten, machen Sie doch einmal den folgenden kleinen Check. Beantworten Sie die Frage entweder für sich oder für ein Paar, das Sie gut kennen:

- Wer schreibt im Urlaub die Postkarten? Sie / Er
- Wer lädt häufiger Freunde zum Essen ein? Sie / Er
- Wer denkt an Geburtstage von Eltern, Freunden, Kollegen? Sie / Er
- Wer hat die meisten Ideen für Geschenke? Sie / Er
- Wer ruft öfter an, um nachzuhören, wie es jemandem geht? Sie / Er
- Wer wird bei persönlichen Problemen angesprochen? Sie / Er
- Wer sieht gerne Liebesfilme? Sie / Er

Es sollte mich nicht wundern, wenn Sie Ihre Kreuzchen überwiegend bei »Sie« gemacht haben. Diese Fragen zielen nämlich auf zwischenmenschliche Verbindungen.

Nun möchte ich allerdings nicht den Eindruck erwecken, dass wir Frauen als Bewohnerinnen der Beziehungswelt die besseren Menschen sind, die sich stets mit ausgesuchter Liebenswürdigkeit äußern, während die Bewohner der Statuswelt wie Cowboys verbal durch die Gegend ballern. Schließlich spielt neben der Form auch der Inhalt eine Rolle. Man kann auch zuckersüß Gemeinheiten von sich geben! Um ein »Besser« oder »Schlechter« geht es ohnehin nicht. Sondern darum, mit welcher Sprache Sie selbstsicherer wirken. Die »weibliche« Sprache ist zwar höflich und behutsam, kommt aber oft schwach und missverständlich an. Dagegen klingt die »männliche« Sprache häufig etwas barsch, erscheint dafür jedoch klar und deutlich. Aus diesem Grund wirkt sie souveräner als die feminine verbale Verpackungskunst. Sie kommen also nicht umhin, einen Sprachkurs der besonderen Art zu machen: Lernen Sie, die Sprache der Stärke zu beherrschen. Wenn Sie sich in dieser Hinsicht fit machen möchten, sollten Sie die folgenden Elemente einer kraftvollen, souveränen Sprache beachten.

Halten Sie sich raus

Falls Sie schon einmal an einem Kommunikationstraining teilgenommen haben, hat man Ihnen wahrscheinlich nahegelegt, »Ich-Botschaften« zu senden. Die heißen so, weil sie mit dem Wörtchen »Ich« beginnen. Etwa: »*Ich* fühle mich gekränkt, wenn du mich immer unterbrichst.«, »*Ich* möchte, dass du den Müll runterbringst.« Ziel einer Ich-Botschaft ist es, Verantwortung für die eigenen Wünsche, Gefühle und Anweisungen zu übernehmen.

Im Prinzip ist es richtig, sich als Senderin einer Botschaft zu outen – doch gilt das nicht so absolut, wie es gerne verbreitet wird. Indem wir uns per »Ich« ins Spiel bringen, schwächen wir unsere Aussage nämlich häufig ab. Lassen Sie dazu einmal die folgenden Sätze auf sich wirken:

»Ich finde, dass das zu weit geht.« Oder: »Das geht zu weit.«

»Ich habe den Eindruck, wenn Sie so langsam arbeiten, werden Sie mit Ihrer Arbeit nicht rechtzeitig fertig.« Oder: »Wenn Sie so langsam arbeiten, werden Sie mit Ihrer Arbeit nicht rechtzeitig fertig.«

Merken Sie, dass die Ich-Botschaft der Aussage die Klarheit und Schärfe nimmt? Außerdem bringen Sie sich dadurch möglicherweise mit Verhaltensweisen in Verbindung, für die Sie nicht verantwortlich sind. Etwa wenn Sie sagen: »Ich finde, die Dame am Empfang könnte etwas freundlicher sein.« Ja, könnte sie. Aber was hat das mit Ihnen zu tun? Darüber hinaus klingen Ich-Sätze oft unreif. Einer Teenagerin nimmt man es kaum übel, wenn sie sich als Nabel der Welt betrachtet und alles, was sie erlebt, mit »Ich finde ...«, »Ich meine...«, »Ich glaube ...« kommentiert. Schließlich ist sie noch auf der Suche nach ihrem Standpunkt. Doch als Erwachsene sollten Sie Dinge ansprechen, ohne sich dabei ständig persönlich einzubringen. Anstatt automatisch mit »Ich« zu beginnen, fragen Sie sich: Was ist eigentlich der Kern meiner Aussage? Was ist mein Thema? Überlegen Sie genau, worauf Sie die Aufmerksamkeit Ihrer ZuhörerInnen lenken wollen. Angenommen, Ihre Chefin hat Ihrem Team einen Auftrag gegeben, der nicht in der vorgegebenen Zeit bewältigt werden kann. Sie machen einen Termin mit ihr, um darüber zu sprechen. Nun haben Sie mehrere Möglichkeiten, den Brennpunkt Ihrer Aussage zu bestimmen, indem Sie das Subjekt des Satzes sorgfältig auswählen: Falls es tatsächlich um Ihre persönliche Wahrnehmung geht, machen Sie selbst sich zum Subjekt: »*Ich* meine, wir können das nicht in der angegebenen Zeit erledigen.« Hier ist die Ich-Botschaft angebracht. Wenn Sie Ihr Team vertreten und für alle sprechen, liegt der Schwerpunkt auf dem »Wir«: »*Wir* haben zu wenig Zeit, um den Auftrag zu erfüllen.« Wollen Sie Ihre Chefin kritisieren, sprechen Sie sie direkt an: »*Sie* haben die Zeit zu kurz angesetzt.« Möchten Sie das Problem sachlich in den Mittelpunkt rücken, sagen Sie: »Die *Zeit* ist für diesen Auftrag zu knapp.« Sie haben viel mehr Möglichkeiten, als nur die übliche Ich-Botschaft zu senden. Beginnen Sie also nie einen Satz mit dem Wörtchen »Ich«, wenn es nicht ausdrücklich um Sie geht.

Wie wichtig es sein kann, die richtige Perspektive zu wählen, bestätigte sich für mich auf einem Seminar für die weiblichen Angestellten einer Behörde. Die Frauen tauschten sich offen über ihre Probleme im Job aus. Eine beklagte sich, sie sei völlig überlastet. Sie hatte sich darüber schon mehrfach bei ihrem Vorgesetzten beschwert, aber der hatte nicht reagiert. Ich erkundigte mich: »Was haben Sie denn genau zu ihm gesagt?« »Nun, ich habe mich beschwert: ›Ich schaffe die Arbeit einfach nicht.‹« Ich fragte weiter: »Und was hat er geantwortet?« »Er hat nur mit den Achseln gezuckt und gemeint: ›Dann müssen Sie sie eben besser organisieren.‹« Ich riet ihr, demnächst zu sagen: »Die Arbeit ist nicht zu bewältigen.« Es war ihr anzumerken, wie es förmlich »klick« macht. Sie sagte: »Klar, das ist es! Wenn es an der Arbeit liegt und nicht an mir, dann kann er den Fehler nicht mehr so leicht auf mich schieben.«

Verzichten Sie hier auf Gefühle

Gefühle auszudrücken, ist zweifellos wichtig, doch im Zusammenhang mit einer souveränen Sprache sollten Sie vorsichtig damit umgehen. Das gilt vor allem im Job, aber auch, wenn Sie privat etwas durchsetzen möchten. Hier ist eine Reihe gefühlvoller Sätze, die wir Frauen besonders gerne als Vorspann zur eigentlichen Aussage benutzen:

- »Ich bin so froh, dass ...«
- »Ich bin gar nicht froh darüber, dass ...«
- »Ich empfinde es als Zumutung, dass ...«
- »Ich fühle mich geehrt, dass Sie...«
- »Ich bin glücklich darüber, dass ...«
- »Ich bin ganz unglücklich mit ...«
- »Ich habe das Gefühl, wir sollten ...«

- »Ich mag die Art, wie Sie …«
- »Ich mag es nicht, wenn Sie …«
- »Ich schätze es, wenn …«
- »Ich schätze es gar nicht, dass …«
- »Ich fühle mich unbehaglich bei dem Gedanken, dass …«
- »Ich freue mich, dass …«

Mit Wendungen, die Ihre Gefühle widerspiegeln, wirken Ihre Sätze weichgespült. Achten Sie deshalb darauf, Ihre Aussagen nicht unnötig emotional zu verbrämen. Streichen Sie Gefühlsäußerungen aus Ihren mündlichen und schriftlichen Kommentaren, wo sie nichts zu suchen haben. Sie werden sehen, wie sehr Ihre Worte dadurch an Autorität gewinnen. Als Faustregel gilt: Äußern Sie Ihre Gefühle nur, wenn es um Gefühle geht. Keine Sorge, Sie werden dadurch nicht zum eiskalten Engel. Wenn Ihnen ein netter Bekannter ein Kompliment macht oder die Kolleginnen Sie zum Geburtstag mit Sekt überraschen, dürfen Sie nach wie vor Ihre Gefühle offen ausdrücken, und natürlich ebenso im Familien- und Freundeskreis.

Bitte keine falsche Bescheidenheit

Aus welcher Ecke bei uns Frauen die Bescheidenheit kommt, wissen Sie: In der Beziehungswelt steht Gleichheit hoch im Kurs. Uns ist wichtig, weder überheblich noch besserwisserisch zu erscheinen. Von daher nutzen wir gerne Floskeln, mit denen wir verbal den Kopf einziehen:

- »Ich bin mir nicht sicher, aber …«
- »Ich bin ja auf diesem Gebiet keine Expertin, aber …«
- »Darf ich mal eine ganz dumme Frage stellen?«
- »Möglicherweise liege ich damit falsch, aber …«

- »Sie kennen sich wahrscheinlich besser aus als ich …«
- »Ich möchte Ihnen nicht zur Last fallen …«
- »Falls es Ihnen nicht zu viel Mühe macht …«

Was im ersten Augenblick höflich und angenehm zurückhaltend klingt, ist in Wahrheit ein unangemessenes Kleinmachen. Sie signalisieren Ihrem Gegenüber, wie harmlos Sie sind und dass Sie keineswegs vorhaben, ihm das Terrain streitig zu machen. Doch warum wollen Sie Ihre Stärke oder Kompetenz verstecken? Damit man Sie mag? Es ist fraglich, ob Sie das überhaupt auf diese Weise erreichen. Viel wahrscheinlicher ist, dass Sie an Respekt verlieren. Oder möchten Sie bewirken, dass sich Ihr Gegenüber gleichwertig fühlt, obwohl das gar nicht der Fall ist? Wie heißt es doch so schön: »Einem Lahmen nutzt es nichts, wenn der Gesunde neben ihm hinkt.« Mit verbalen Bücklingen können Sie weder Neid noch Aggression verhindern. Wie sehr Sie sich auch darum bemühen, die anderen spüren doch intuitiv, ob sie Ihnen unterlegen sind. Geben Sie also die falsche Bescheidenheit auf und stellen Sie Ihr Licht nicht länger unter den Scheffel. Lassen Sie in Zukunft die Duckmäuser-Floskeln weg und machen Sie sich mit Ihren Worten so groß, wie Sie wirklich sind.

Sprechen Sie eindeutig

Ein englisches Sprichwort sagt: »Du kannst den Kuchen nicht gleichzeitig behalten und essen.« Genau das versuchen Sie, wenn Sie eine Aussage treffen und sie im gleichen Atemzug wieder infrage stellen. »*Eigentlich* muss der Bericht bis heute Abend fertig sein.« Muss er oder muss er nicht? »*Ich denke mal*, wir kommen so gegen sieben Uhr.« Kommen Sie nun um sieben Uhr oder nicht? »*Ich werde versuchen*, das so bald wie möglich zu erledigen.« Werden Sie es nur versuchen oder werden Sie es tun?

Solche Doppelbotschaften dienen meist dazu, uns nach allen Seiten hin abzusichern. Einerseits möchten wir unsere Wünsche und Meinungen durchsetzen, andererseits wollen wir nicht zu sehr auftrumpfen oder unser Gegenüber vor den Kopf stoßen. Möglicherweise sind wir uns unserer Sache auch nicht sicher oder haben zwei Seelen in der Brust, die sich auf diese Weise äußern. Aus dem gleichen Grund stellen wir auch gerne Fragen, ohne uns wirklich informieren zu wollen. Sie dienen nur dazu, uns geschickt ein Hintertürchen offenzulassen. Etwa so: »Sollten wir uns nicht mal treffen?« statt »Ich möchte mich gerne mit dir verabreden.« Falls Widerspruch kommt, können wir problemlos einen Rückzieher machen: »Ich habe ja bloß mal so gefragt …« Eine beliebte Variante dazu sind Anhängsel, mit denen wir unsere ursprüngliche Aussage in eine Frage verwandeln: »Der Typ ist doch klasse, oder?«, »Wir sollten den nächsten Zug nehmen, meinst du nicht?«, »Du machst das fertig, okay?« Ob Sie nun Doppelbotschaften oder Scheinfragen benutzen – das Ergebnis ist immer das Gleiche: Sie wirken uneindeutig und damit weniger souverän. Beobachten Sie deshalb aufmerksam, wie häufig Sie Ihre Aussagen relativieren. Entscheiden Sie sich bewusst für klare Worte.

Verzichten Sie auf Übertreibungen

Wir schlagen häufig verbal das Pfauenrad, weil wir glauben, auf diese Weise besonderen Eindruck zu machen. Dazu benutzen wir Worte und Wendungen, die eine Nummer größer sind, als es dem Anlass entspricht. Fremdwörter machen scheinbar besonders viel her. Wir sprechen von »Konzeptualisierung« anstatt schlicht von einem »Entwurf«. Beliebt sind auch englische oder amerikanische Ausdrücke. Wo man früher ins Büro ging, ist man heute im »Office« und statt von Sinn spricht man von »Purpose«. Im Hinterkopf haben wir dabei, dass man uns auf diese Weise für gebildet, wissenschaftlich beschlagen oder auf der Höhe der Zeit hält. Damit Sie mich nicht missverstehen, ich vertrete nicht die Ansicht, dass wir sämtliche Fremdwörter krampfhaft eindeutschen müssen. Oder dass wir es wie die Franzosen halten sollten, die ihre Muttersprache sogar per Gesetz gegen den amerikanischen Einfluss abschotten. Aber verschanzen Sie sich nicht aus Unsicherheit hinter Wortgeklingel oder Fachchinesisch. Nutzen Sie Fachausdrücke – ob nun lateinischen, griechischen oder amerikanischen Ursprungs – ausschließlich vor Fachpublikum. Für Laien sind sie unverständlich und werden schnell als Angeberei entlarvt. Wenn Sie vor einem gemischten Publikum reden, nennen Sie zu dem Fachbegriff beiläufig seine Bedeutung.

Natürlich ist es auch möglich, Sätze in deutscher Sprache aufzublähen.

Dazu neigen wir, wenn wir uns besonders korrekt ausdrücken wollen. Das klingt dann etwa so: »In Fortführung der Darstellung meiner Vorrednerin möchte ich nicht unerwähnt lassen …« Achten Sie doch einmal darauf: Sobald im Fernsehen medienunerfahrene Menschen in einer bestimmten Funktion oder Rolle interviewt werden, greifen die meisten von ihnen zielsicher zu steifen Formulierungen, um kompetent zu erscheinen.

Auch wenn wir uns besonders bedeutungsvoll äußern möchten, führt das leicht zu gestelzten Wendungen. Als ich noch als beratende Psychologin bei der Zeitschrift *Brigitte* war, erhielt ich gelegentlich Manuskripte von Frauen, in denen sie Ereignisse aus ihrem Leben beschrieben. Sie nahmen fälschlicherweise an, ich könnte ihre Geschichte wegen meiner journalistischen Kontakte im Heft unterbringen. Beim Lesen fiel mir immer wieder auf, dass sie im Bemühen um eine literarische Sprache ihre natürliche Ausdrucksweise verloren. Die Autorinnen »legten sich zur Ruhe«, anstatt zu schlafen, oder sie »hatten eine unangenehme Empfindung«, wenn sie sich schlecht fühlten. Ich hätte ihnen gerne den Rat gegeben: Bitte schreiben Sie so natürlich, wie Sie sprechen. Aber das wäre die Aufgabe einer Lektorin gewesen.

Leider klingt es eher aufgesetzt als imposant, wenn Sie statt eines einfachen Verbs die Verbindung mit einem Substantiv wählen. Dann »verfällt ein Termin« nicht, sondern »gerät in Verfall«. Sie haben nicht »etwas verloren«, sondern »einen Verlust erlitten« und Sie »wenden« nicht »etwas an«, sondern »bringen es zur Anwendung«.

Auch mit Füllwörtern pumpen Sie Ihre Sätze unnötig auf. Besonders beliebt ist das farblose Wörtchen »sehr«, noch verstärkt durch »wirklich sehr«. Beispiel: »Im Workshop haben wir wirklich sehr wichtige Dinge gelernt.« »Wichtige« hätte hier völlig gereicht. Dabei sind verstärkende Worte wie »sehr«, »wirklich«, »richtig«, »ganz sicher« noch harmlos. Manche Adjektive und Adverbien lassen Sie wie eine aufgeregte Fünfzehnjährige klingen: »So ein *supertolles* Ergebnis habe ich gar nicht erwartet.«, »Der Neue aus der Nachbarabteilung ist wirklich *total* nett.«, »Ich weiß *echt* nicht mehr, wo mir der Kopf steht.«

Indem Sie Ihre Sätze wie Luftballons aufblasen, zeigen Sie nur, dass Sie es nötig haben. Souveräne Frauen äußern sich klar und natürlich. Mit falscher Bescheidenheit hat das nichts zu tun, eher mit klarem Denken. Trainieren Sie, Überflüssiges auszusparen, wenn es um wichtige Aussagen geht. Beim gemütlichen Mädelsabend oder beim Zoomcall mit Ihrer Freundin dürfen Sie dann gerne wieder lockerlassen.

Benutzen Sie dynamische Worte

Zwischen übertriebenen oder aufgeblähten Ausdrücken und wirklich starken Worten besteht ein großer Unterschied, wie Sie gleich sehen werden. Doch zunächst möchte ich Sie bitten, nacheinander die folgenden Worte laut auszusprechen. Nehmen Sie sich jedes Mal etwas Zeit, um zu spüren, wie Sie sich dabei fühlen:

- Trauer, Kampfhund, Terrorismus, Enttäuschung
- Zärtlichkeit, Geschenk, Liebe, Umarmung

Vermutlich haben Sie sich bei den ersten vier Worten unbehaglich gefühlt, oder Sie hatten sogar ein schlimmes Bild vor Augen. Die zweite Wortgruppe dürfte dagegen für Sie angenehm gewesen sein. Vielleicht haben Sie dabei gelächelt oder sich etwas Schönes vorgestellt.

Welche Wirkung Sie auch erlebt haben, es hat einen Grund: Worte können intensive Emotionen und körperliche Reaktionen auslösen. Die Hirnforschung zeigt, dass sie im Gehirn durch persönliche Erfahrung mit unseren Gefühlen verbunden sind.

Wenn sich schon mit einem einzigen Wort Reaktionen auslösen lassen, wie viel mehr dann durch ganze Sätze? Nutzen Sie diese Tatsache, indem Sie bewusst Begriffe der Stärke, der Aktivität, des Vertrauens und der Hoffnung wählen.

In vielen Fällen haben Sie die Möglichkeit, sich für den gleichen Sachverhalt zwischen einem positiven oder negativen Ausdruck zu entscheiden:

- »Ich habe ein Problem.« Besser: »Ich stehe vor einer Herausforderung.«
- »Ich zweifle daran.« Besser: »Ich bin dabei, es zu überdenken.«
- »Ich kann nicht mehr.« Besser: »Ich brauche eine Pause.«

Seit ich weiß, wie Sprache wirkt, achte ich auch in alltäglichen Situationen darauf. Kürzlich probierte ich in einer Boutique ein Kleid an, das auf der Stange richtig gut aussah, an mir aber wie ein Kartoffelsack mit Ärmeln. Als ich wieder aus der Umkleidekabine auftauchte, fragte die Verkäuferin erwartungsvoll: »Na, wie ist es?« Früher hätte ich geantwortet: »Geht gar nicht. In dem Kleid sehe ich schrecklich aus.« Diesmal sagte ich: »Ein schönes Kleid, aber es steht mir nicht.«

Kraftvoll zu sprechen bedeutet nicht nur, sich positiv auszudrücken, sondern auch, präzise und dynamische Worte zu finden. Stellen Sie sich vor, Sie sind eine Malerin und suchen sich aus, ob Sie für Ihr Bild leuchtende oder pastellige Farben nehmen. Damit bestimmen Sie, ob es intensiv oder zart auf die Betrachter wirkt. Als Wort-Künstlerin haben Sie eine ähnliche Auswahl. Es gibt Worte, die einen deutlichen Eindruck hinterlassen, und solche, die wenig Kontur haben.

Die Hauptwörter tragen vor allem die Präzision. Viele Substantive unterscheiden sich voneinander nur durch kleine Nuancen. Hier richtig zu wählen, dient Ihrer Klarheit und Kompetenz. Überlegen Sie, welches Substantiv exakt das trifft, was Sie ausdrücken wollen. Falls Sie darin noch ungeübt sind, hilft Ihnen das Internet. Sie müssen nur die Suchbegriffe »Ein anderes Wort für …« oder »Synonym für …« eingeben, dann werden Ihnen jede Menge Alternativen angeboten. Sie können auch – falls Sie noch eines besitzen – in einem klassischen Nachschlagewerk forschen. In meinem Bücherregal steht der ›Duden. Die sinn- und sachverwandten Wörter‹. Darin finden sich rund achtzigtausend Wörter und Wendungen, in Gruppen gegliedert, mit Stilangaben und Bedeutungshinweisen. Zur Probe habe ich willkürlich ein Stichwort aufgeschlagen. Zu »Gerede« werden alternativ genannt: »Gedöns, Geschwätz, Larifari, Wortschwall, Erguss, Sermon, Salm,

Getue, Gewäsch, Klatsch, Redseligkeit, Tirade.« So eine Auswahl lässt sich nutzen, um die interessantesten und stärksten Worte zu wählen.

Die Tätigkeitswörter transportieren Dynamik und Aktivität – vorausgesetzt, Sie verwenden die richtigen. Meist benutzen wir automatisch eher farblose Verben wie »tun«, »machen«, »haben« und »sein«. Sie hinterlassen keinen besonderen Eindruck. Dabei können Sie mit ein bisschen Überlegung leicht solche finden, die Ihren Aussagen mehr Schwung und Farbigkeit verleihen.

- Fade: »Das Essen ist gut.« Stark: »Das Essen schmeckt mir gut.«
- Fade: »Das tu ich gerne für dich.« Stark: »Ich unterstütze dich gerne.«
- Fade: »Das Protokoll ist von mir.« Stark: »Ich habe das Protokoll geschrieben.«
- Fade: »Ich mache das fertig.« Stark: »Ich werde die Arbeit beenden.«

Überlegen Sie beim Sprechen und Schreiben, welches Verb am ausdrucksstärksten ist und das Subjekt Ihres Satzes am besten ergänzt. Vielleicht legen Sie sogar eine Datei aussagekräftiger Verben an, die Ihnen beim Lesen von Blogs, Büchern oder Zeitschriften auffallen.

Als souveräne Frau können Sie aus dem ganzen Bedeutungsfeld genau dasjenige Wort wählen, das eindeutig sagt, was Sie meinen.

Sprechen Sie mit Power

Ich hoffe, ich habe Ihre Lust geweckt, mit Sprache zu experimentieren. Garantiert haben Sie einen großen Wortschatz in petto, den Sie mit frisch geschärftem Bewusstsein aktivieren. Sie kennen nun die einzelnen Elemente, die Ihrer Sprache Energie verleihen, und können sie zu einem »Powertalking« einsetzen. Diesen Begriff benutzt man gerne in Managerkreisen und im Verkauf. Leider wird dabei oft verkannt, dass es nicht nur um sprachliche Tricks geht. Wenn Sie schwache, passive Aussagen in starke, aktive ändern, verwandeln Sie sich selbst. Starke Formulierungen prägen Ihr Selbstverständnis. Jemand hört Ihnen nämlich heimlich zu, sobald Sie den Mund aufmachen: Ihr Unterbewusstsein. Exakt wie ein Aufnahmegerät registriert es, was Sie gerade über sich oder die Situation sagen. Mit einem Power-Sprachschatz erzielen Sie einen doppelten Gewinn: Sie erziehen sich zu einem souveränen Menschen und wirken in diesem Sinne auf Ihre Umgebung.

Werden Sie zweisprachig

Vielleicht fühlen Sie sich jetzt, als müssten Sie im Crashkurs Japanisch lernen. Tatsächlich ist es nicht einfach, von der vertrauten Beziehungswelt-Sprache zur klaren Sprache der Statuswelt überzugehen und sich kraftvoll auszudrücken: Sie werden manchmal den Eindruck haben, unhöflich und barsch zu sein oder zu dick aufzutragen. Bedenken Sie bitte, dass Sie viele Jahre lang vor allem soft gesprochen haben und Ihnen von daher der Kontrast viel größer erscheint, als er wirklich ist.

Ihnen werden auch manchmal genau die Floskeln entschlüpfen, die Sie tunlichst vermeiden wollten. Nehmen Sie es sich nicht übel, das passiert auch gestandenen Frauen. Sie brauchen nur den Fernseher anzuschalten, um dafür Beweise zu finden. Kürzlich trat in einer Nachrichtensendung eine kompetente Auslandskorrespondentin auf. Obwohl sie grundsätzlich klar und selbstsicher sprach, leitete sie ihre Aussagen mehrfach mit »Ich denke mal ...« ein. Wichtig ist, dass Sie im Prinzip auf Ihre Ausdrucksweise achten und so viel »Seidenpapier« wie möglich weglassen, wenn Sie als selbstsicher wahrgenommen werden möchten. Die Sprache der Statuswelt zu beherrschen, bedeutet jedoch nicht, die Sprache der Beziehungswelt aufzugeben. Auch sie hat eindeutig ihre Vorteile. Wenn Sie eine gute Atmosphäre schaffen, Ihrem Gegenüber die Schwellenangst nehmen oder Kontakte knüpfen wollen, sind Sie mit der weichen Sprache wesentlich erfolgreicher. Letztlich geht es darum, stimmig zu reagieren. Es kommt darauf an, dass Sie die Situation richtig einschätzen – das ist schließlich eine besondere weibliche Stärke – und entsprechend Ihren Sprachstil wählen. Sicher macht das zunächst noch Mühe, doch je mehr Sie bewusst auf Ihre Sprache achten, desto selbstverständlicher können Sie zwischen den »Welten« switchen. Im Laufe der Zeit wird Ihr erweiterter Sprachschatz ganz selbstverständlich zu Ihrem Eigentum.

Vermeiden Sie Kommunikationskiller

Kraftvoll zu sprechen, bedeutet nicht, sich auf Biegen und Brechen verbal durchzusetzen. Nur zu leicht verwechseln wir im Dialog echte Power mit herrschsüchtiger Dominanz. Es gibt einige Formen der Kommunikation, die jeden fruchtbaren Austausch torpedieren. Der US-Psychologe Thomas Gordon, der sich in seiner Arbeit besonders der gewaltfreien Konfliktlösung gewidmet hat, nennt sie »Kommunikationssperren«. Es handelt sich um

Gesprächselemente, die sich negativ auswirken. Viele Menschen neigen dazu, immer wieder in ein bestimmtes Muster zu verfallen, mit dem sie ihr Gegenüber abwerten. Damit bewirken sie gewöhnlich genau das Gegenteil von dem, was sie eigentlich erreichen wollen. Achten Sie einmal darauf, ob einer der folgenden Kommunikationskiller häufig bei Ihnen vorkommt:

Befehle, Kommandos

»Mach mal ...«, »Du musst ...«, »Du sollst ...«
Niemand lässt sich gerne herumkommandieren. Davon abgesehen, dass ein Ton wie auf dem Kasernenhof nicht besonders höflich ist, ruft er auch Widerstand hervor. Ein erwachsener Mensch lässt sich nun mal ungern Vorschriften machen.

Besser: Äußern Sie Ihre Bitte freundlich. Erklären Sie, warum Sie etwas gerne erledigt hätten, und bedanken Sie sich bereits vorab.

Mahnen, drohen

»Mach das lieber nicht ...«, »Wenn du das tust, dann ...«, »Dir bleibt nur die Möglichkeit ...«
Mit dieser Form der Kommunikation werden Ängste geschürt. Selbst wenn von Ihrer Seite eine echte Sorge dahintersteckt, nehmen Sie so Ihrem Gegenüber den Mut zu handeln. Möglicherweise will die Person sich ihre Freiheit aber auch nicht beschneiden lassen und sagt sich: »Jetzt erst recht!«

Besser: Verleihen Sie der eigenen Sorge Ausdruck. Gestehen Sie dem anderen die Freiheit zu, eigene Entscheidungen zu treffen.

Moralisieren, predigen

»Es ist deine Pflicht ...«, »Du weißt doch, dass du ...«
Von oben herab geäußerte Ermahnungen verursachen in jedem Fall ein unangenehmes Gefühl. Sofort kommt man sich schlecht vor. Die Moralpredigt löst Schuldgefühle aus.

Besser: Sprechen Sie darüber, welche Werte Sie selbst für wichtig halten und welche Vorteile das hat. Eventuell überzeugen Sie damit. Fragen Sie nach, wie das Gegenüber dazu steht.

Belehren, Vorträge halten

»Dir ist offenbar nicht bekannt, dass ...«, »Weißt du eigentlich, dass ...?«
»Die Fakten sind doch ...«
Mit scheinbar größeren Kenntnissen zeigt man sich überlegen oder wischt die Argumente des Gegenübers vom Tisch. Solche Besserwisserei führt schnell zu einem Schlagabtausch und endloser Diskussion.

Besser: Hören Sie erst einmal zu und nehmen Sie die Argumente des anderen auf. Erst dann teilen Sie Ihre eigene Position mit.

Verurteilen, kritisieren, Vorwürfe machen

»Du hättest wirklich ...«, »Wie kannst du nur...?«, »Da hast du mal wieder nicht nachgedacht ...«
Jede Kritik, auch eine berechtigte, bedeutet eine Verletzung. Besonders wenn sie in Form einer Verurteilung ausgesprochen wird. Sie dürfen sicher sein, dass die Betroffenen das nicht vergessen. Die Folge ist eine innere oder äußere Distanz.

Besser: Senden Sie eine Ich-Botschaft: »Es macht mir etwas aus, wenn du …« Falls Kritik unbedingt nötig ist, kritisieren Sie nur die Sache, nicht die Person.

Beschimpfen, lächerlich machen

»Na, das kann ja heiter werden.«, »Du hast wohl gar nichts kapiert.«, »Das ist doch albern!«
Jemanden nicht ernst zu nehmen, ist kränkend. Schon viele Freundschaften und Beziehungen wurden auf diese Weise zerstört.

Besser: Halten Sie lieber den Mund. Machen Sie sich klar, dass jeder Mensch Respekt verdient, auch wenn er vielleicht mal einen Fehler macht.

Diagnostizieren, analysieren, interpretieren

»Du versuchst ganz eindeutig …«, »Was du eigentlich meinst, ist doch …«,
»Was du wirklich brauchst, ist …«
Es gibt kaum Unangenehmeres als Hobby-Psychologinnen, die anderen erklären, was in ihnen vorgeht und was sie wirklich wollen. Das ruft Abwehr hervor. Schließlich weiß jeder über sich selbst am besten Bescheid.

Besser: Auch wenn Sie meinen, den Durchblick zu haben, behaupten Sie nicht einfach etwas. Stellen Sie Fragen, um den Motiven Ihres Gegenübers auf die Spur zu kommen.

Haben Sie festgestellt, dass Sie häufig einen oder gar mehrere dieser Kommunikationskiller einsetzen? Wenn Sie unsicher sind, holen Sie sich Feedback bei Menschen aus Ihrem nahen Umfeld ein. Die wissen meist sehr genau, was sie im Gespräch mit Ihnen nervt. Gehen Sie bewusst gegen diese verbalen Fehltritte an. Sie werden sehen, wieviel fruchtbarer dann der Austausch ist.

Jammern Sie nicht

Jammern ist das Gegenteil von kraftvollem Sprechen. Ich weiß wohl, es gibt jeden Tag gute Gründe, sich zu beklagen: Der Rücken tut weh, die Arbeit ist zu viel, die Kollegen nerven, das Auto muss schon wieder zur Reparatur, das Wochenende ist verregnet. Sich gelegentlich über eine missliche Situation zu beklagen und ab und zu Trost bei Freunden oder Rückhalt bei Gleichgesinnten zu suchen, ist völlig in Ordnung. Das entlastet. Aber tun Sie es bitte nur begrenzt und bei Menschen, denen Sie vertrauen. Ansonsten sollten Sie sich disziplinieren.

Jammern stößt ab

Im Gespräch überträgt sich Energie. Wenn Sie häufig jammern, wird sich Ihr Gegenüber auf die Dauer schlecht fühlen, und wer mag das schon? Niemand ist gerne mit einem Miesepeter zusammen. Allerdings gibt es eine Ausnahme: Gleich und Gleich gesellt sich gern. Wenn Sie jammern, ziehen Sie Menschen an, die das auch gerne tun. Man bestätigt sich dann gegenseitig darin, wie unvollkommen die Welt ist. So entsteht ein Gemeinschaftsgefühl. Nur ist das nicht tragfähig. Wenn Sie aufhören, sich zu beklagen, wird die Beziehung feindselig oder bricht ab.

Jammern verstärkt den negativen Zustand

Die Hirnforschung zeigt, dass Probleme und Lösungen in unterschiedlichen Gehirnarealen verarbeitet werden. Von Steve de Shazer, dem Mitbegründer der lösungsfokussierten Kurzzeittherapie, stammt die Formel: *Problem talk creates problems, solution talk creates solutions.* »Über Probleme zu sprechen, erzeugt Probleme. Über Lösungen zu sprechen, bringt Lösungen hervor.« Jammern ist das Gegenteil von souveränem Sprechen. Wenn Sie jammern, richten Sie Ihre Aufmerksamkeit auf das, was nicht gut läuft. Damit bestätigen Sie sich selbst, wie schlimm alles ist. Das gilt umso mehr, wenn Sie dabei auf offene Ohren stoßen und man Sie bedauert oder gemeinsam mit Ihnen klagt und schimpft. Auf diese Weise verfestigen Sie den Status quo.

Jammern ist eindeutig eine ungünstige Art zu sprechen. Überlegen Sie, was Sie stattdessen tun können, um die Situation zu verändern. Passen Sie Ihre Sprache dieser Einstellung an: »Ich werde das bewältigen«, »Ich will das ändern«, »Ich werde es überstehen.«

Trainieren Sie Ihre Stimme

Die schönste Musik nutzt nichts, wenn das Instrument verstimmt ist. Einem Klavier mit verzogenen Saiten werden Sie nur schräge Töne entlocken. Das Gleiche gilt für das Instrument, mit dem Sie Ihre Sprache zum Klingen bringen: Ihre Stimme. Im Rahmen des kraftvollen Sprechens kommen Sie deshalb nicht umhin, sich auch mit ihr zu befassen. Damit betreten Sie vermutlich Neuland, denn wir sind es meist nicht gewohnt, auf unsere Stimme zu achten, es sei denn, wir sind heiser. In der Regel benutzen wir sie einfach, ohne darüber nachzudenken.

Ihre Stimme ist einzigartig

Trauen Sie sich, vor Publikum ein Lied vorzutragen? Die meisten von uns singen höchstens zu besonderen Anlässen, etwa in der Kirche, schunkelnd beim Karneval oder unterm Weihnachtsbaum. Schade, denn gerade beim Singen können Sie hören und spüren, wieviel Schönheit in Ihrer Stimme steckt. Auch wenn Sie nicht die Callas sind, Ihre Stimme ist einzigartig. Nur hat sie wahrscheinlich im Laufe der Zeit einiges an Kraft und Volumen verloren, beim Singen ebenso wie beim Sprechen. Daran hat das weibliche Rollenbild einen großen Anteil.

Als Kinder sind wir meist noch gut hörbar. Wenn ich an einem Spielplatz vorbeikomme, staune ich oft über die Lautstärke, mit der sich auch kleine Mädchen verständigen. Doch spätestens in der Pubertät nimmt unsere Stimmkraft ab, ohne dass es uns bewusst wird. So entwickeln manche Frauen eine verhauchte Stimme, die sich nicht richtig heraustraut. Oder sie behalten weiterhin ihre hohe Kleinmädchenstimme. Manche kultivieren auch eine heisere Art zu sprechen. Das mag lieb, harmlos oder erotisch klingen – was man von uns Frauen halt so erwartet – aber durchsetzen werden wir uns damit nicht. Wer traut schon einer vermeintlichen »Piepsmaus« oder einem »Vamp« Kompetenz, Biss und Ausdauer zu?

Doch das ist kein Grund zu resignieren. Mit Achtsamkeit können Sie an einem kräftigen und sicheren Klang arbeiten und damit gleichzeitig mehr Selbstbewusstsein aufbauen. Dazu müssen Sie nicht unbedingt am Sprechunterricht für Schauspielerinnen teilnehmen oder sich in einer logopädischen Praxis anmelden.

Falls Sie nicht gerade unter einer Stimmstörung leiden, hilft schon eine kleine Übung, Ihrer Stimme die nötige Prägnanz zu geben.

Üben Sie, klar und deutlich zu sprechen

Eine gute Artikulation gleicht eher dem Kauen von körnigem Brot als dem Schlecken von Pudding. Lippen, Zunge und Kiefer müssen die Vokale und Konsonanten deutlich formen. Das vermittelt Klarheit und Entschiedenheit, während Nuscheln kraftlos wirkt.

Versuchen Sie es einmal mit dem klassischen Korken-Training:

- Nehmen Sie den Korken einer Weinflasche. Stecken Sie ein Stück davon zwischen die Schneidezähne. Sie müssen es noch leicht mit der Zunge bewegen können.
- Sprechen Sie einen kurzen Text, vielleicht ein paar Zeilen aus der Zeitung oder beliebige Sätze. Es ist in Ordnung, wenn Sie dabei mit der Zunge an den Korken stoßen.
- Nehmen Sie wahr, wie sich Ihre Lippen und Ihr Kiefer bewegen. Durch den Korken werden Ihre Mundbewegungen gedehnt und prägnant.
- Nehmen Sie den Korken aus dem Mund. Spüren Sie, wie locker Ihre Lippen, Ihr Kiefer und Ihre Zunge jetzt sind.
- Sprechen Sie nun Ihre Sätze noch einmal, aber ohne Korken. Sie werden hören, dass Ihre Laute präziser klingen.

Indem Sie den Korkenwiderstand überwinden, stärken Sie Ihre Formungskraft im Mundbereich. Allerdings sollten Sie diese Übung nicht zu intensiv machen, sonst überanstrengen Sie Ihr Kiefergelenk.

Nehmen Sie Ihre Stimmung wahr

Mit der richtigen Artikulation erreichen Sie viel für die Kraft und Sicherheit Ihrer Stimme. Trotzdem sollten Sie damit rechnen, dass Sie manchmal nicht so gut bei Stimme sind. Es hängt von Ihrem aktuellen Zustand ab. Unsere Stimme ist ein feines Instrument dafür, wie wir uns fühlen. Sicher haben Sie das selbst schon erlebt. Wenn Sie aufgeregt sind, zittert Ihre Stimme. Sind Sie müde, hört sie sich matt an. Fühlen Sie sich gekränkt, dann haben Sie einen Kloß im Hals und klingen gequetscht. Nicht von ungefähr ähneln sich die Worte »Stimme« und »Stimmung«. Es ist faszinierend, wie gut die Stimme das Gefühl transportiert. Man hört, ob Sie deprimiert, wütend, traurig oder liebevoll sind. Sollte Ihnen Ihre Stimme einmal den gewohnten Dienst versagen, gehen Sie nicht energisch dagegen an, sondern nehmen Sie es als Hinweis. Ihre Stimme zeigt Ihnen, wie Sie sich fühlen und kann Sie auf diese Weise anregen, liebevoller und behutsamer mit sich umzugehen. Ich betrachte meine Stimme inzwischen als eine gute Ratgeberin. Früher habe ich sie – und damit auch mich – oft rücksichtslos strapaziert. Ich erinnere mich noch gut an einen Vortrag in Berlin am Ende einer ausgedehnten Lesereise, den ich stockheiser und mit dem Mund dicht am Mikrofon hielt. Am nächsten Tag war die Stimme dann endgültig weg. Heute höre ich auf das, was sie mir sagen will, etwa dass es Zeit für Erholung ist. Wenn Ihre Stimme Ihnen zeigt, dass Sie aus dem Gleichgewicht geraten sind, entspannen Sie sich und gönnen Sie sich Ruhe.

Sie haben nun einiges über souveränes Sprechen erfahren und ich hoffe, es hat Ihre Lust geweckt, mit Ihrer Sprache und Ihrer Stimme zu experimentieren. Es lohnt sich in jedem Fall, denn selbstbewusste Worte und eine deutliche Artikulation wirken auf Ihre GesprächspartnerInnen. Die nehmen gewöhnlich genau das auf, was Sie ihnen vermitteln. Wenn Sie kraftvoll, klar und optimistisch reden, nimmt man Sie entsprechend wahr. Seien Sie bitte nicht frustriert, wenn Sie nicht gleich eine rhetorische Glanzleistung abliefern. Mühe macht es nur, solange Sie sich noch bewusst darauf konzentrieren müssen. Es kommt der Moment, wo kraftvolles Sprechen nicht länger etwas ist, auf das Sie genau achten müssen, sondern es handelt sich um einen echten Ausdruck Ihrer Persönlichkeit. Sie sprechen nicht nur souverän und sicher, Sie sind es.

IV. TEIL:
MUTIG HANDELN

Es war einmal in Amerika. In einem Selbstversuch ließen sich in den 1990er-Jahren in Arizona vier Frauen und vier Männer in einem gewaltigen Glasbau, der Biosphere 2, für zwei Jahre einsperren, zusammen mit verschiedenen Tier- und Pflanzenarten. Mit diesem Experiment wollte man herausfinden, ob es möglich wäre, irdisches Leben auf andere Planeten zu übertragen. Das scheiterte auf ganzer Linie. Besonders interessant war, was mit den Bäumen passierte: Sobald sie eine bestimmte Höhe erreicht hatten, fielen sie um. Zunächst konnten sich die WissenschaftlerInnen dieses Phänomen nicht erklären, doch schließlich fanden sie die Ursache: Unter der Glasglocke war es windstill. In natürlicher Umgebung werden die Bäume von Stürmen durchgerüttelt. Sie reagieren darauf, indem sie tiefere Wurzeln ausbilden, um ihre Stabilität zu erhöhen. Genau das fehlte in dem Riesentreibhaus.

Die Geschichte hat einen Symbolgehalt, der sich auf uns Menschen übertragen lässt: Wir brauchen »Stürme«, Widerstände und Probleme, damit wir innerlich wachsen. Nur so gewinnen wir neue Sichtweisen und entwickeln Fähigkeiten. Die windstille Passivität ist zwar angenehm, lässt uns aber stagnieren. Doch wer setzt sich schon gerne freiwillig dem Sturm der Veränderung aus? Das ist anstrengend und vielleicht sogar riskant. Also bleiben wir in der Sicherheit unserer selbstgeschaffenen Biosphäre. Statt Ziele in Angriff zu nehmen oder Wünsche und Träume zu verwirklichen, verharren wir in unserer Komfortzone. Es fällt uns schwer, die unsichtbare Barriere zu überwinden, die uns daran hindert, Notwendiges zu tun oder Neues zu wagen. Innerhalb der Komfortzone zu bleiben, hat zwar den Vorteil, dass wir nicht jedes Mal das Rad neu erfinden müssen und uns vor unliebsamen Überraschungen schützen, aber auf die Dauer wird unser Leben fade und wir entwickeln uns nicht weiter. Deshalb möchte ich Sie ermutigen: Verlassen Sie Ihre persönliche Biosphäre und werden Sie aktiv. Dadurch lernen Sie, entfalten sich und fühlen sich lebendig. Und Sie werden interessanter, denn Sie strahlen aus, dass Sie ein Mensch sind, der sich Herausforderungen stellt.

Innere Barrieren überwinden

Schön wäre es, wenn wir einfach nur beschließen müssten: »Jetzt gehe ich über meine Komfortzone hinaus« – und uns schon auf den Weg machen würden. Tatsächlich aber sträubt sich meist vieles in uns und hindert uns daran umzusetzen, was wir als notwendig oder sinnvoll erkannt haben. In der Psychologie bezeichnet man das mit dem sperrigen Begriff »kontraintentionales Verhalten«. Die amerikanische Psychologin Abigail Lipson und ihr Kollege David N. Perkins nennen die inneren Beweggründe, die uns blockieren, neutral »Kräfte«. Ähnlich wie in der Physik Kräfte bremsend auf eine Materie einwirken, gibt es psychische Kräfte, die uns hemmen. Deshalb gilt es zunächst, möglicherweise vorhandene innere Hindernisse wegzuräumen, damit der Wind der positiven Veränderung Sie durchpusten kann.

Reduzieren Sie Ihre Angst

Eines der größten Hindernisse, etwas in Angriff zu nehmen, ist die Angst vor den Folgen. Kein Wunder, denn schließlich gibt es keine Garantie dafür, dass unser Mut mit Erfolg belohnt wird. Das lässt uns oft davor zurückschrecken, aktiv zu werden. Dabei enthält das meiste von dem, was wir uns vornehmen möchten, kein echtes Gefahrenpotenzial. Wir bilden uns die drohenden Konsequenzen nur ein und versetzen uns fantasievoll selbst in Panik. Der Schriftsteller Mark Twain drückt das humorvoll aus: »Ich bin ein alter Mann und habe viel Schreckliches erlebt. Zum Glück ist das meiste davon nie eingetroffen.« Übertriebene Ängste lassen sich mit rationalen Überlegungen auf ein Mindestmaß beschränken. Eine wirkungsvolle Methode dazu stammt von dem amerikanischen Psychotherapeuten Gary Emery. Er hat eine Formel entwickelt, mit der sich die individuelle Stärke der Angst zunächst feststellen und dann verringern lässt. Sie lautet: »Unbekanntes x Bedeutung = Grad der Angst.« Das heißt: Je weniger Informationen Sie über Ihre geplante Aktivität haben und je wichtiger das Ergebnis für Sie ist, desto größer ist Ihre Angst. Im Umkehrschluss gilt: Indem Sie Ihre Kenntnisse erweitern und die Bedeutung verringern, wird Ihre Angst kleiner.

So vergrößern Sie Ihre Kenntnisse

Fragen Sie sich:

- »Welche Kenntnisse benötige ich zusätzlich, um die Situation erfolgreich zu bewältigen?«
- »Welche Informationen fehlen mir?«
- »Welche Fähigkeiten muss ich noch trainieren?«

Erstellen Sie einen genauen Plan, wie und wann Sie sich das fehlende Know-how verschaffen wollen.

So verringern Sie die Bedeutung

Je unwichtiger die Situation in Ihren Augen ist, desto gelassener sind Sie und desto effektiver können Sie Ihre Fähigkeiten einsetzen. Um das zu erreichen, können Sie diese mentalen Techniken anwenden:

Vergleichen Sie Ihr Projekt mit Herausforderungen aus Ihrer Vergangenheit. Gewiss haben Sie schon ähnlich schwierige Aufgaben gemeistert. Erinnern Sie sich, welche Eigenschaften Ihnen dabei geholfen haben. Die stehen Ihnen auch jetzt zur Verfügung. Sagen Sie sich ferner, dass in fünf Jahren kein Hahn mehr danach kräht, ob Ihnen Ihr Vorhaben gelungen ist. Vermutlich wird sich niemand mehr daran erinnern oder Sie darauf ansprechen. Und überlegen Sie: Wie oft haben Sie sich aufgeregt und es ist dann überhaupt nicht schlimm geworden? Auch ein Mantra kann Sie entspannen. Etwa »Alles wird gut«, oder mein Lieblingssatz: »Leben passiert für dich, nicht gegen dich.«

Mit der Anti-Angst-Formel haben Sie ein praktisches Instrument, um Ihre Angst zu reduzieren. Ganz vergehen wird sie aber erst, wenn Sie tun, wovor Sie sich fürchten.

Ich erinnere mich noch gut an die Angst, die ich vor meinem ersten Vortrag hatte. Vor Aufregung konnte ich schon Tage vorher kaum schlafen. Ich bat meinen Hausarzt um ein Beruhigungsmittel, aber er ließ nur über Baldrian mit sich reden. Am fraglichen Abend stand ich mit weichen Knien hinter dem Pult und hielt tapfer meine Rede. Heute, viele Vorträge später, spreche ich frei vor Hunderten von Zuhörern, ohne dass ich vorab mehr als einen förderlichen Adrenalinkick verspüre. Das Geheimnis für diese Veränderung: Die größte Angst hat man beim ersten Mal. Je öfter man die Aktivität wiederholt, desto schneller schwindet die Angst – im besten Fall für immer.

Legen Sie Ihren Perfektionismus ab

Sind Sie der Meinung, Sie dürften generell nur Vollkommenes abliefern? Dann lautet die Diagnose: »Perfektionismus«. Dabei handelt es sich um ein typisches Frauenleiden. Hier zeigt sich der Unterschied zwischen den Geschlechtern besonders deutlich. Eine Satiresendung brachte das kürzlich so auf den Punkt: »Ein Mann denkt: ›Ich kann das zu 50 Prozent, also mache ich es.‹ Eine Frau denkt: ›Ich kann das zu 99 Prozent. Also muss ich mir erst noch das eine Prozent erarbeiten, bevor ich es mache.‹« Der Drang, alles perfekt auszuführen, wird uns früh eingepflanzt. Schon als kleine Mädchen lernen wir, durch Fleiß und Anstrengung die Anerkennung und das Wohlwollen unserer Umgebung zu gewinnen. Als Erwachsene setzen wir das fort, nicht nur bei großen Projekten, sondern auch im Alltag. Beruf, Partnerschaft, Familie, Aussehen – jeder Lebensbereich wird von Perfektionismus beherrscht. Wir müssen gut, schön, tüchtig, beliebt und belastbar sein. Wenn Sie Ihren Tag aufmerksam durchgehen, werden Sie mit Sicherheit auf zahlreiche kleine Verhaltensweisen stoßen, die dem Perfektionismus geschuldet sind. Schauen Sie einmal, ob Sie sich in folgenden Szenen so oder ähnlich wiederfinden. Ich gebe zu, ich kenne jede einzelne von ihnen:

- Sie beantworten die Mail mit der Anfrage der Kollegin sofort, obwohl sachlich keine Notwendigkeit dafür besteht und es Sie von Wichtigerem ablenkt. Schließlich dürfen Sie niemanden warten lassen. Außerdem feilen Sie am Text, als ob Sie damit einen Literaturpreis gewinnen wollten.

- Für die Einladung zum Kaffee backen Sie den Kuchen selbst, er schmeckt einfach besser als ein gekaufter. Und man merkt, dass Sie sich wirklich Mühe gegeben haben.
- Bevor Besuch kommt, wird die Wohnung tipptopp aufgeräumt und geputzt, auch wenn das Zeit kostet, die Sie eigentlich nicht haben. Sie möchten nicht, dass man Sie für schlampig hält.
- Sie haben vergessen, für die Hochzeit einer Freundin die passenden Schuhe zum Kleid in den Koffer zu packen. Die Sie an den Füßen tragen, sehen dazu unmöglich aus. Sie eilen ins nächste Schuhgeschäft.
- Sie laden einen wichtigen Kunden zum Essen ein, da darf nichts schiefgehen. Deshalb testen Sie vorher mehrere Restaurants.
- Der Zeiger Ihrer Waage im Badezimmer springt in einen für Sie inakzeptablen Bereich, ab jetzt gibt es Dinner Cancelling.
- Ausgerechnet vor dem Meeting entdecken Sie einen Fleck auf Ihrer Bluse. Sie halten die ganze Zeit über unauffällig die Hand darauf, damit das niemand sieht.
- Sie sind zwar todmüde, doch Liebe geht durch den Magen. Also binden Sie sich die Schürze um, um für Ihren Partner zu kochen.
- Die Präsentation haben Sie schon mehrfach geprobt, aber lieber noch einmal, sicher ist sicher.

Das Motiv ist entscheidend

Vielleicht wenden Sie jetzt ein: Was spricht eigentlich dagegen, dass ich Höchstleistungen erbringen oder einen guten Eindruck machen möchte? Was ist falsch daran, sich gründlich vorzubereiten oder sich zu bemühen, die Erwartungen anderer zu erfüllen? Meine Antwort wird Sie vermutlich überraschen: Nichts spricht dagegen! Ich bin selbst eine überzeugte Vertreterin von Qualität und halte es mit der Schriftstellerin Elizabeth Gilbert: »Weniger als volles Engagement ist unehrenhaft.« Die Frage ist nur, wo und warum ich danach strebe. Ob es sich um Perfektionismus handelt, entscheidet nämlich nicht unser Verhalten, sondern welche Absicht dahintersteckt. Das Motiv für Perfektionismus ist nicht die Freude daran, etwas Gutes zu erschaffen, sondern die Angst, kritisiert zu werden, Ablehnung zu erfahren, uns zu blamieren oder andere zu enttäuschen. Ob es sich im jeweiligen Fall um Perfektionismus handelt, können Sie eindeutig an Ihrem Gefühl und den damit verbundenen körperlichen Reaktionen feststellen. Wann immer Sie spüren, dass Sie unter Stress geraten, sich verkrampfen und überanstrengen, dürfen Sie sicher sein, dass Sie gerade dem Perfektionismus erliegen. Ein weiterer Indikator ist Lustlosigkeit. Sie tun etwas, um vor sich und anderen vollkommen zu erscheinen, aber eigentlich finden Sie es anstrengend, es ist Ihnen lästig oder gleichgültig. Mit einer ehrlichen Frage können Sie sich auf die Schliche kommen: Ist es Ihnen wirklich ein Bedürfnis, eine Freundin bei Liebeskummer zu unterstützen, oder entspricht das nur Ihrem Anspruch, empathisch zu sein? Macht es Ihnen tatsächlich Spaß, mit Ihrem Kind zu basteln, oder erwarten Sie das als gute Mutter von sich? Probieren Sie mit Ihrem Partner im Bett Neues aus, weil es Sie reizt oder weil Sie eine aufregende Geliebte sein wollen? Die Antworten zeigen Ihnen schnell, ob Perfektionismus dahintersteckt. Misstrauisch sollten Sie auch werden, wenn Sie Ihre innere Kritikerin hören: »Tu das, sonst nehmen sie es dir übel.«, »Die glauben vielleicht, du bist faul.«, »Sie halten dich am Ende für unfähig.« Zudem reagiert sie mit Vorwürfen und macht Ihnen Schuldgefühle, wenn Sie nicht das Letzte aus sich herausholen: »Das war suboptimal.«, »Das hättest du besser machen können.«

Perfektionismus auf den verschiedenen Gebieten summiert sich und kostet viel Zeit und Kraft. Bedenken Sie bitte, dass auch

Ihr Tag nur 24 Stunden hat und Sie einen begrenzten Vorrat an Energie besitzen. Es ist einfach unmöglich, in allen Bereichen makellose Leistungen zu erbringen. Mindestens eins kommt immer zu kurz, entweder der Beruf oder das Privatleben. Frauen, die trotzdem die Quadratur des Kreises versuchen, sind am Ende nicht nur frustriert, sondern fix und fertig. Das gilt besonders für den Spagat zwischen Spitzenleistungen im Beruf und einem mustergültigen Familienleben, den sich die meisten von uns abfordern. Bei ausgeprägtem Perfektionismus besteht sogar die Gefahr von psychischen und körperlichen Erkrankungen. Es ist wissenschaftlich erwiesen, dass ein Burn-out weniger durch stressige Arbeit als vielmehr durch ständige hohe Anforderungen an sich selbst entsteht.

Was also können Sie tun, um sich vom Perfektionismus zu befreien? Wann immer Sie spüren, dass Sie gefährdet sind, steuern Sie bewusst dagegen. Sagen Sie sich: »Gut ist gut genug.«, »Das ist doch nicht wirklich wichtig.«, »Davon hängt meine Kompetenz nicht ab.« Und dann tun Sie eben nicht, was Sie sonst täten. Sie beantworten die Mail erst später, erscheinen mit den falschen Schuhen auf der Hochzeit und räumen die Wohnung für den Besuch nur oberflächlich auf. Diese Methode wird auch in der Verhaltenstherapie eingesetzt: Man gibt Menschen, die unter starkem Perfektionismus leiden, den Auftrag, bewusst kleine Fehler zu machen. Etwa in einem Brief Wörter falsch zu schreiben oder mit einer Laufmasche rauszugehen. Wenn Sie es damit versuchen, sollten Sie die Wirkung allerdings nicht unterschätzen – nicht auf die anderen, die das vermutlich gar nicht registrieren, sondern auf Sie selbst: Je nach Bedeutung werden Sie dabei Herzklopfen, Schuldgefühle, Schweißausbrüche und Scham-Attacken bekommen. Schließlich machen Sie sich mit Ihrer Verweigerung angreifbar. Wie bei jeder einschneidenden

Veränderung ist die Umstellung zunächst höchst unangenehm. Rechnen Sie damit, dass sich Ihr altes perfektionistisches Ich mit Macht dagegen sträubt. Zweifel überfallen Sie, ob das wirklich der richtige Weg ist. Ob es Ihre Karriere behindert, Ihrem Ansehen oder Ihrer Beliebtheit schadet. Sie geraten in Stress, weil Sie sich zu einem Verhalten zwingen, das Sie bisher als inakzeptabel beurteilt haben. Bleiben Sie stark. Es ist wie bei einem Drogenentzug. Wenn Sie das Unwohlsein eine Weile durchstehen, geht es Ihnen danach garantiert besser. Sie erfahren, dass die Welt nicht untergeht, nur weil Sie sich weigern, hundertprozentig zu funktionieren. Wir müssen eben erst selbst erleben, dass wir anerkannt, geschätzt und geliebt werden, obwohl wir nicht perfekt sind. Oder vielleicht gerade deswegen.

Schieben Sie nichts mehr auf

Eine weitere Hürde besteht darin, Dinge aufzuschieben. Gelegentlich etwas zu vertagen, weil man wenig Zeit hat, ist nicht weiter tragisch. Manches erledigt sich derweil von selbst. Kritisch wird es jedoch, wenn es sich um wichtige Aufgaben handelt, wie im Job einen Abgabetermin einzuhalten, eine medizinische Behandlung durchführen zu lassen, die Steuererklärung zu machen oder den Urlaub rechtzeitig zu buchen. Hakt es bei solchen Anforderungen, steckt meist mehr dahinter als Zeitnot oder bloße Bequemlichkeit. Falls Sie dazu neigen, Wichtiges aufzuschieben, gibt es dafür immer einen guten Grund. Nur ist der oft unbewusst. Deshalb nutzen Tipps für eine bessere Organisation oder Appelle an Ihre Disziplin zunächst gar nichts. Zuallererst müssen Sie sich um die Ursache kümmern, sonst sabotiert sie heimlich sämtliche Bemühungen. Machen Sie sich bitte nichts vor, etwa indem Sie sagen: »Ich habe einfach keine Lust.« Oder

»Ich bin eben faul.« Fragen Sie sich ehrlich: »Warum schiebe ich diese Arbeit oder dieses Vorhaben auf?« Schauen Sie sich dazu die folgende Checkliste mit möglichen Gründen an. Bei welchem Punkt fühlen Sie sich berührt? Hören Sie, was Ihnen Ihre innere Stimme dazu sagt. Auf diese Weise finden Sie Ihr wahres Motiv:

- Sie haben Angst zu versagen.
- Sie haben Angst vor der Beurteilung anderer.
- Die Aufgabe liegt Ihnen nicht.
- Sie rebellieren unbewusst, etwa gegen eine Autorität oder Überlastung.
- Sie stellen überhöhte Ansprüche an sich selbst.
- Sie brauchen den Nervenkitzel, es unter Druck in letzter Minute zu schaffen.
- Es ist eine schlechte Angewohnheit: Bisher sind Sie mit Aufschieben immer durchgekommen.
- Ihnen fehlen spezielle Kenntnisse für Ihre Aufgabe.
- Ihnen fehlt das Know-how, wie Sie die Arbeit am besten angehen.

Die meisten dieser Gründe fürs Aufschieben sind mit negativen Gedanken gekoppelt. Wenn Sie perfektionistisch sind, denken Sie vielleicht: »Das bekomme ich sowieso nicht so gut hin, wie ich will.« Wenn Sie Angst haben, sich zu blamieren, vermuten Sie: »Die werden mich bestimmt kritisieren.« Fürchten Sie sich zu versagen, glauben Sie: »Das schaffe ich garantiert nicht.« Im heimlichen Clinch mit Autoritäten oder bei Überlastung wüten Sie innerlich: »Sollen die doch ihren Kram allein machen.«

Bieten Sie solchen Gedanken Paroli. Halten Sie dagegen: »Ich versuche es einfach.«, »Ich habe schon vieles geschafft, warum nicht auch das?«, »Jeder Mensch hat das Recht, Fehler zu machen.« Indem Sie konsequent umdenken, neutralisieren Sie alte Glaubenssätze, die zum Aufschieben führen.

Überzeugen Sie sich davon, dass Sie Ihre Aufgabe unverzüglich in Angriff nehmen sollten. Führen Sie sämtliche negativen Konsequenzen auf, die eine Verzögerung für Sie hätte: Sie verlieren Vertrauen. Die Qualität leidet. Sie kommen in Stress. Sie verachten sich selbst. Sie schleppen den Druck ständig mit sich herum. Sie bekommen nie wieder so einen guten Auftrag. Ihr Image wird beschädigt. Ihre Gesundheit leidet. Ihre Lebensfreude nimmt ab. Lesen Sie sich diese schwarze Liste immer wieder durch, um sich zu aktivieren.

Nachdem Sie die mentale Vorarbeit geleistet haben, können Sie nun konkret vorgehen. Die meisten der folgenden Tipps sind vermutlich nicht neu für Sie. Hier geht es darum, sie auch umzusetzen:

Erstellen Sie eine To-do-Liste

Schreiben Sie wie für einen Einkaufszettel lückenlos alles auf, was Sie in der nächsten Zeit für Ihr Ziel tun müssen oder wollen – große Dinge ebenso wie kleine.

Besorgen Sie sich die notwendigen Informationen

Wenn Ihnen noch Informationen fehlen, holen Sie die vorab ein. Machen Sie sich kundig, fragen Sie ganz offen, wenn Sie etwas nicht wissen. Das ist keine Bankrotterklärung, auch die klügsten Menschen kommen nicht ohne Unterstützung aus.

Unterteilen Sie die Aufgabe in kleine Portionen

Vor einem Riesenberg verzweifeln Sie leicht. Kleine Einheiten dagegen sind meist gut zu bewältigen.

Halten Sie Ihr Ergebnis fest

Geben Sie sich selbst für jede Etappe Rückmeldung. Hat es geklappt? Sind Sie zufrieden? Erst danach gehen Sie zur nächsten Aufgabe. Auf diese Weise sorgen Sie für eine solide Grundlage und gewinnen Selbstbewusstsein für den nächsten Schritt.

Schaffen Sie ein klares Umfeld

Ein vollgepackter Schreibtisch ist wenig verlockend. Ebenso lenken andere Arbeiten im Blickfeld ab, etwa wenn Sie dauernd auf die Bügelwäsche schauen. Räumen Sie alles weg, was nicht unmittelbar zu der Aufgabe gehört, die Sie angehen wollen.

Entwickeln Sie ein Ritual

Viele Schriftstellerinnen arbeiten mit diesem Trick: Sie verwenden beim Schreiben immer den gleichen Stift, tragen einen bestimmten Schal, trinken Tee aus einer speziellen Tasse. Auf diese Weise wird die Muse angelockt, weil sie weiß: »Aha, jetzt geht es los.« Machen Sie es den Künstlerinnen nach. Lassen Sie Ihre Fantasie spielen. Suchen Sie sich etwas aus, das Sie regelmäßig in Arbeitslaune versetzen soll.

Legen Sie ein Startsignal fest

Setzen Sie sich ein bestimmtes Limit, nach dem Sie ohne Wenn und Aber mit der Arbeit anfangen oder das umsetzen, was Sie sich vorgenommen haben. Etwa nach dem Frühstück, nach dem Einkauf, nach der Tagesschau. Halten Sie das konsequent ein, egal ob Sie Lust haben oder nicht.

Und hier sind noch zwei Tipps, um die Anfangshürde zu überwinden:

Nur ein Viertelstündchen

Meist ist der Anfang am schwersten. Begeben Sie sich zumindest für fünfzehn Minuten an die Arbeit. Danach dürfen Sie aufhören, falls sich die Lust überhaupt nicht einstellen sollte. Sie werden merken: Sind Sie erst einmal dabei, hören Sie auch nicht so schnell wieder auf.

Nehmen Sie es locker

Wenn Sie zu den Perfektionistinnen zählen, ist dies ein guter Einstieg: Tun Sie so, als wäre es noch nicht die eigentliche Arbeit, sondern eine unwichtige Vorbereitung. Schreiben Sie zum Beispiel einfach drauflos oder planen Sie, als würde es sich nur um ein Brainstorming handeln. Auf diese Weise überlisten Sie Ihren hohen Anspruch und erarbeiten sich trotzdem jede Menge gutes Material.

Schalten Sie Ihre Unlust aus

Oft haben wir zu einer Aufgabe keine Lust, obwohl wir sie als sinnvoll und notwendig ansehen. Etwa, wenn es darum geht, uns mehr zu bewegen, die Wohnung aufzuräumen oder ein heikles Telefonat zu führen. Mit dem Effekt, dass wir es lassen. Dagegen gibt es ein Mittel, das garantiert funktioniert. Doch bevor ich es Ihnen vorstelle, möchte ich Ihnen gerne erzählen, wie es entstanden ist:

Vor einigen Jahren fand in Hamburg ein internationaler Psychologiekongress statt. Unter den Referenten war auch der

Psychiater William Glasser aus den USA, ein Spezialist für Depressionen. Ihm eilte der Ruf voraus, sogar Depressive, die nur noch apathisch im Bett lagen, wieder in Bewegung zu bringen. Im Hörsaal saßen etwa fünfzig PsychotherapeutInnen, darunter auch ich. Wir erwarteten einen wissenschaftlichen Vortrag über die Behandlung von Depressionen. Doch stattdessen lud uns Glasser zu einem dreiteiligen Experiment ein: Als Erstes forderte er uns auf, spontan wütend zu werden – und zwar ohne uns vorher etwas zu überlegen, das uns wütend machen würde. Das gelang keinem. Nun bat uns William Glasser, drei Minuten lang die Augen zu schließen und durchgängig an einen rosa Elefanten zu denken. Als er schließlich »Stopp« sagte und sich erkundigte, wer tatsächlich die ganze Zeit ohne Ablenkung an einen rosa Elefanten gedacht hatte, meldeten sich nur wenige. Im dritten Teil forderte er uns auf, unsere rechte Hand auf unseren Kopf zu legen. Der Anblick war zu komisch: Alle PsychotherapeutInnen saßen da, mit der Hand auf ihrem Kopf.

Nun folgte die überraschende Erklärung zum Experiment: Der erste Teil (»Wütend werden«) zeigt, dass wir nicht einfach aus dem Stand heraus unsere Gefühle verändern können. Dazu müssen wir zunächst unsere Gedanken einsetzen. Der zweite Teil (»Rosa Elefant«) belegt: Unsere Gedanken können wir zwar durch Willenskraft beherrschen, aber das setzt eine ständige Konzentration voraus. Der dritte Teil (»Hand auf den Kopf«) beweist: Handeln können wir immer.

Das Fazit des Wissenschaftlers aus diesem anschaulichen Experiment lautet: Wenn wir etwas in unserem Leben verändern oder erreichen wollen, beginnen wir am besten mit dem Handeln. In der Folge verändern sich unsere Gedanken und Gefühle. In seiner Therapie hat William Glasser deshalb immer versucht, depressive PatientInnen zu einer Aktivität zu bewegen. So vereinbarte er zum Beispiel mit einer Frau, die vor ihrer schweren psychischen Erkrankung gerne Patchwork-Decken genäht hatte, dass sie die Hälfte seines Honorars mit einer Patchwork-Decke abgelten könnte. Die Handarbeit brachte die Frau auf die Beine, machte ihr Freude und trug damit entscheidend zu ihrer Heilung bei.

Aus dem Fazit von William Glassers Experiment »Handeln können wir immer« habe ich eine Methode entwickelt, mit der auch Sie jederzeit aktiv werden können. Ich nenne sie die »Robotermethode«:

Warten Sie nicht, bis Sie in Bestform sind oder sich in der richtigen Stimmung fühlen. Überspringen Sie Ihr Denken und Ihre Gefühle. Ignorieren Sie das ganze Vorspiel von skeptischen Überlegungen und negativen Emotionen und setzen Sie direkt mit der gewünschten Aktion ein. Agieren Sie dazu mechanisch wie ein Roboter. Typisch für ihn ist, dass er einprogrammierte Befehle ohne Wenn und Aber ausführt. Genauso werden Sie sich jetzt auch verhalten:

- Schreiben Sie präzise auf, was Sie tun möchten.
- Legen Sie genau fest, wann Sie es tun möchten, mit Datum und Uhrzeit. Tragen Sie das in Ihren Kalender ein.
- Werden Sie automatisch zu der von Ihnen festgelegten Zeit aktiv.

Wie gut das funktioniert, habe ich selbst erfahren. Schon lange war mir klar, dass ich mich mehr bewegen musste. Ganz ehrlich, dazu hatte ich nicht die geringste Lust. Aber nun, dank William Glasser, notierte ich: »Nach dem Frühstück sieben Runden im Park laufen.« Zur fraglichen Zeit war mein vorherrschendes Gefühl wie bisher Unlust, kombiniert mit dem Gedanken: »Es muss ja nicht unbedingt heute sein …« Ich ignorierte beides und verwandelte mich innerlich in einen Roboter: Ich zog meine Sportkleidung an, ging zum nahe gelegenen Park und lief sieben Runden. Hinterher ging es mir tatsächlich so, wie Glasser es vorausgesagt hatte, meine Gefühle und Gedanken hatten sich verändert. Ich fühlte mich gut und dachte stolz: »Siehst du, du hast es geschafft.« Ich musste noch eine Weile das Roboterprogramm einsetzen, aber nach etwa vier Wochen passierte ein kleines Wunder: Meine Gedanken und Gefühle änderten sich dauerhaft. Ich begann tatsächlich, Freude an der Bewegung zu entwickeln. Das Laufen gehört seitdem zu meinem Morgenritual.

Wenden Sie die Robotermethode immer dann an, wenn Sie spüren, dass Sie zögerlich oder bequem sind. Sie hilft Ihnen, Ihre Komfortzone zu überwinden und unangenehme Dinge in Angriff zu nehmen. Vergessen Sie nicht: Handeln können Sie immer – wenn Sie sich nicht selbst davon abhalten.

Ziele erreichen

Die größten Hürden sind weggeräumt und Sie befinden sich auf der Zielgeraden. Fröhlich schreiten Sie von Erfolg zu Erfolg. Nun ja, schön wäre es. Oft kommt die Aktivität aus verschiedenen Gründen ins Stocken. Wir fühlen uns überfordert. Wir scheitern am Widerstand unserer Mitmenschen. Die äußeren Umstände sind ungünstig. Wir sind frustriert, weil doch nicht alles so klappt, wie wir es uns vorgestellt haben. Oder wir haben Probleme, uns zu entscheiden. Doch auch gegen Widrigkeiten gibt es gutes psychologisches Handwerkszeug.

Gehen Sie kleine Schritte

Sie haben Ihr Ziel fest im Auge. Sie wollen abnehmen, sparen, Sport treiben, mit dem Rauchen aufhören, früher aufstehen, öfter Nein sagen. Mit Schwung haben Sie begonnen, Ihr Vorhaben umzusetzen. Und dann lässt Ihr Elan allmählich nach und alles bleibt beim Alten. Da ist es ein schwacher Trost, dass Sie damit in bester Gesellschaft sind. Das belegen die vielen in der Silvesternacht gefassten guten Vorsätze, von denen schon Mitte Januar meist kaum noch die Rede ist. Doch es gibt eine Möglichkeit, wie Sie Ihre Vorhaben sicher und dauerhaft in die Tat umsetzen: Kaizen. So nennen die Japaner die Methode der stetigen Verbesserung. Dabei geht es nicht darum, mit gewaltigem Einsatz ein Ziel zu erreichen, sondern mit kleinsten Schritten darauf hinzuwirken, wann immer sich die Gelegenheit bietet. Der Effekt beruht darauf, dass man auf diese Weise mit minimalen Anstrengungen den Widerstand unterwandert. Überlegen Sie, was Sie bezogen auf Ihr Ziel gerade noch ohne Aufwand und mühelos hinbekommen. Statt sich etwa jeden Tag eine halbe Stunde Gymnastik abzuringen, machen Sie fünf Sit-ups nebenbei vor dem Fernseher. Statt sich strikt vorzunehmen: »Ab heute kein Fastfood mehr«, bestellen Sie zum Burger diesmal nur eine kleine Portion Pommes. Viele winzige Schritte summieren sich und sind mühelos die Basis für den nächstgrößeren.

Wählen Sie, statt zu leiden

Manchmal treten wir auf der Stelle. Nicht etwa, weil wir passiv wären, sondern weil wir vom Verhalten anderer abhängig sind. Vielleicht ärgert es Sie, dass Ihre Kollegin immer wieder ungefragt in Ihren Unterlagen schnüffelt. Oder dass Ihr Partner regelmäßig seine Kleidung in der ganzen Wohnung verstreut. Oder Sie sind genervt, weil Ihr Nachbar täglich Trompete übt. Bestimmt haben Sie schon versucht, sich dagegen zu wehren. Wenn Sie bisher keinen Erfolg hatten, ist das nicht verwunderlich, denn es ist unmöglich, einen Menschen gegen seinen Willen zu verändern. Ob übergriffige Kollegin, chaotischer Partner oder lauter Nachbar – Sie können niemanden zwingen, sich anders zu verhalten. Bestenfalls können Sie jemanden positiv beeinflussen, aber eben nur, wenn er dazu bereit ist.

Ähnlich wie mit unwilligen Menschen ist es oft mit unangenehmen Situationen. Wir müssen früher oder später einsehen, dass die eigenen Anstrengungen wenig ausrichten, weil das gewünschte Ergebnis von zu vielen unbekannten Faktoren abhängt, etwa von der Wirtschaftslage, einer Pandemie oder dem Zufall. Das klingt nicht besonders aufmunternd, ist aber vermutlich für Sie aufgrund Ihrer eigenen Erfahrung nichts Neues. Wir alle erleben es so. Schließlich besitzen wir keinen Zauberstab, um Menschen und Situationen zu verwandeln. Aber bevor Sie jetzt resignieren: Es gibt eine sichere Möglichkeit, trotz äußerer Widerstände effektiv zu handeln – die ACT-Methode. Erfinder ist auch hier der amerikanische Psychologe Gary Emery – offenbar war der Mann für das Wohl seiner KlientInnen besonders kreativ. Das Akronym ACT setzt sich zusammen aus: »**A**ccept reality – **C**hoose what you want – **T**ake Action.« Ich übersetze das so: »Akzeptiere die Tatsachen – Wähle, was du erreichen willst – Werde entsprechend aktiv.«

Die Methode beruht auf der Kernbotschaft »Wahl statt Veränderung« (»Choice versus change«). Im Veränderungssystem (change) lautet der Grundsatz: »Etwas außerhalb meines Einflussbereiches muss sich ändern, sonst bin ich unglücklich.« Im Wahlsystem (choice) lautet er: »Ich bin dafür verantwortlich, meine Gedanken, Gefühle und mein Verhalten so zu wählen, dass ich glücklich bin.« Der Unterschied ist beträchtlich, wie Sie gleich sehen werden. Im Veränderungssystem sind Sie auf andere Menschen angewiesen, auf das Schicksal oder einen glücklichen Zufall.

Im Wahlsystem haben Sie selbst in der Hand, was geschieht. Während Sie im Veränderungssystem passiv leiden oder sich in

Tagträumen eine Besserung ausmalen, liegt im Wahlsystem der Erfolg komplett bei Ihnen. Sie können sich sogar zwischen mehreren Möglichkeiten entscheiden. Angenommen, Sie erfahren, dass Ihr Partner Sie betrügt. An der Tatsache ist nichts zu ändern, wohl aber sind Sie in der Lage, Ihre Reaktion frei zu wählen. Sie können ihm eine Szene machen, ihm verzeihen, ihn hinauswerfen, ihm ein Ultimatum stellen, ausziehen, sich scheiden lassen, die Rivalin zum Showdown treffen, sich zurückziehen, sich ehrlich aussprechen, eine Paarberatung aufsuchen, sich rächen, ihn ebenfalls betrügen, um ihn kämpfen, sich neu einkleiden und zum Friseur gehen. Sie dürfen sich aussuchen, was davon Ihnen unabhängig vom Verhalten Ihres Partners das beste Gefühl verschafft. Und so wenden Sie die ACT-Methode an:

Akzeptieren Sie den gegenwärtigen Zustand

Benennen Sie den Status quo klar und deutlich, ohne Ausflüchte und Schönfärberei. Es ist, wie es ist. Man nennt das auch radikale Akzeptanz.

Wählen Sie, was Sie erreichen wollen

Nicht im Sinne von »Ich wünsche mir, dass sich der Mensch oder die Situation ändert« oder »Möge mir ein gütiges Schicksal den verdienten Erfolg zukommen lassen«, sondern so: Sie wählen Ihre bestmögliche Reaktion auf die Situation. Das Ergebnis soll sein, dass Sie sich gut fühlen.

Werden Sie aktiv

Tun Sie nun alles, was in Ihrer Macht steht, um das umzusetzen, was Sie gewählt haben. Gary Emery schildert dazu als Beispiel die

Erfahrung seines Klienten Paul. Dessen Freundin hat die üble Angewohnheit, sich vor seinen Freunden über ihn lustig zu machen. Paul hat schon alles versucht, um sie davon abzubringen. Er hat sie gebeten und geschimpft – nichts hat genutzt. Statt nun weiter zu leiden und auf Veränderung zu hoffen, beschließt er zu wählen, wie er sich fühlen will, nämlich souverän und selbstbewusst. Dazu überlegt er sich die passende Aktivität. Als sich seine Freundin das nächste Mal wieder über ihn mokiert, steht Paul nicht wie bisher stumm und verlegen daneben, sondern sagt ihr und seinen feixenden Freunden, dass er sich verletzt fühlt. Außerdem kündigt er seiner Freundin an, dass er die Gesellschaft verlassen wird, falls sie ihn erneut vor anderen demütigt. Damit hat Paul das Heft in der Hand und erreicht innere Unabhängigkeit vom Verhalten seiner Freundin.

Machen Sie mit der ACT-Methode selbst einmal die Probe aufs Exempel. Suchen Sie sich eine Situation aus, die Sie gerne anders hätten. Sie muss nicht besonders dramatisch sein. Tragen Sie hier dazu Ihre Stichworte ein:

Der gegenwärtige Zustand:

....

So hätte ich es gerne, beziehungsweise so möchte ich mich fühlen:

....

Das kann ich selbst dafür tun:

....

Lassen Sie sich vom Ergebnis überraschen. Sie werden feststellen, dass Sie wesentlich mehr Einfluss haben, als Sie bisher glaubten. Und das Beste ist, Sie müssen dazu niemanden überzeugen oder manipulieren. Es liegt allein in Ihrer Hand.

Woopen Sie für mehr Motivation

WOOP ist eine wissenschaftliche Zauberformel, mit der Sie sich selbst motivieren können, aktiv zu werden. Das Akronym steht für »**W**ish« (Wunsch), »**O**utcome« (Ergebnis), »**O**bstacle« (Hindernis) und »**P**lan«. Entwickelt hat diese Formel die Psychologie-Professorin Gabriele Oettingen, die in Hamburg und New York lehrt. Als ich sie vor einiger Zeit bei einem Vortrag kennenlernte, überzeugte sie mich sofort von der Wirksamkeit. Mit zahlreichen Studien konnte sie nachweisen, dass Menschen mit WOOP zielgerichteter und energischer handeln. Ihre Methode geht zunächst von der bekannten Form des Positiven Denkens aus, die mit Fantasie verbunden ist. Sie wissen schon: Da stellt man sich intensiv vor, was man haben möchte, vom Parkplatz in der City bis zum Traumprinzen. So weit, so gut. Doch hier endet auch schon die Parallele zum puren Wunschdenken. Oettingen zufolge verursacht das positive Fantasieren nämlich ein Gefühl, als hätten wir das Ziel schon erreicht. Wir entspannen uns zu sehr, uns fehlt die nötige Energie, um ins Handeln zu kommen.

Deshalb folgt bei WOOP auf das angenehme Tagträumen eine Vorstellung der möglichen Fallstricke, denen wir vermutlich auf unserem Weg zum Ziel begegnen werden. Die Kombination aus positivem Träumen und Visualisieren von Hindernissen bringt uns unserem Ziel näher, weil sie realistisch ist.

Angenommen, Sie wollen abnehmen. Sie malen sich lebhaft aus, wie Sie vor dem Spiegel Ihre schlanke Figur bewundern, Sie hören im Geiste die Komplimente. Genießen Sie es. Nun stellen Sie sich ebenso intensiv vor, welche Hindernisse auf dem Weg zur Traumfigur auf Sie warten. Die Süßigkeiten im Supermarktregal, die Tüte Chips vor dem Fernseher, die nächtliche Fressorgie. Danach schalten Sie Ihren klugen Kopf ein und entwickeln eine Strategie, wie Sie die Hindernisse umgehen oder bewältigen können. Auf diese Weise sind Sie gewappnet und haben größere Chancen, Ihr Ziel tatsächlich zu erreichen. Sie bleiben nicht in Tagträumen gefangen, sondern verfolgen einen realistischen Plan.

So setzen Sie WOOP für Ihr Ziel um

1. **Schritt: Was ist Ihr Wunsch?**
   Ihr Wunsch kann jeden Bereich betreffen, ob Liebe, Finanzen, Gesundheit oder Karriere. Er sollte machbar sein, darf aber durchaus eine Herausforderung enthalten. Schließlich gehen Sie damit über Ihre Komfortzone hinaus. Notieren Sie Ihren Wunsch als konkretes Ziel:
   »Ab heute jogge ich drei Mal wöchentlich.«, »Ich trinke abends nur ein Glas Wein.«, »An diesem Wochenende entrümple ich meinen Kleiderschrank.«, »Ich halte Kontakt zu meinen Freunden.«
2. **Schritt: Was ist das schönste Ergebnis?**
   Schließen Sie die Augen und stellen Sie sich intensiv vor, wie es ist, wenn Sie Ihr Ziel erreicht haben. Sehen und hören Sie sich und alle, die daran beteiligt sind. Malen Sie sich aus, wie glücklich Sie sich fühlen werden.
   Benennen Sie dann das Ergebnis, etwa: »Ich bin stolz auf meine Leistung.«, »Ich habe gute Kontakte.«, »Ich verdiene genügend Geld.«, »Ich werde bewundert.«

3. **Schritt: Was ist Ihr wichtigstes Hindernis?**
Überlegen Sie nun, was Sie davon abhalten könnte, Ihr Ziel zu erreichen. Was bremst Sie? Wo lauern Gefahren, die Sie vielleicht an der Umsetzung hindern? Etwa Unlust, Stress, Bequemlichkeit, Zeitnot. Stellen Sie sich Situationen, in denen es dazu kommt, konkret vor. Wo lauert die größte Gefahr, die Sie möglicherweise an der Umsetzung hindert?
4. **Schritt: Was ist Ihr Wenn-dann-Plan?**
Überlegen Sie, was Sie praktisch tun können, um Ihr Hindernis zu überwinden. Wählen Sie die beste Option. Formulieren Sie diese nach folgendem Schema: Wenn ... (Ihr Hindernis), dann werde ich ... (Ihre Maßnahme, mit der Sie das Hindernis bewältigen wollen). Notieren Sie sich Ihr Vorhaben.

Mit der WOOP-Methode verbinden Sie die animierende Wirkung positiver innerer Bilder mit der rationalen Überlegung, was das gewünschte Ergebnis torpedieren könnte und wie Sie das verhindern werden. Auf diese Weise haben Sie eine realistische Chance, Ihre Träume oder Vorsätze wahr werden zu lassen.

Entscheiden Sie optimal

Um Ziele zu erreichen, ist es auch wichtig, die Weichen richtig zu stellen. Entscheidungen der einfachen Art lassen sich mit etwas Überlegung leicht fällen: Im Urlaub an die See oder in die Berge? Aber es gibt auch Entscheidungen, die Ihnen Kopfschmerzen bereiten. Weil eine Menge davon abhängt: Ihre Zukunft, Ihr Glück, die Gesundheit oder der Kontostand. Auch das ist kein Grund zur Panik. Wenn Sie das Folgende beachten, werden Sie mit Sicherheit eine gute Wahl treffen und weiterkommen:

Konzentrieren Sie sich auf das Wesentliche

Erstellen Sie zunächst eine klassische Pro-und-Kontra-Liste: Was sind die Vorteile Ihrer Entscheidung, was spricht dagegen? Schauen Sie sich nun beides unter einem besonderen Aspekt an: Welches ist der eine Faktor, der für Sie persönlich wichtiger ist als alle anderen? Genau der sollte Ihre Entscheidung bestimmen. Angenommen, Sie überlegen, ob Sie mit einer Freundin zusammenziehen. Das hätte viele Vorzüge. Aber sie ist furchtbar chaotisch – und Sie können ohne Ordnung nicht leben. Das könnte ein Grund sein zu verzichten.

Machen Sie einen Test

In der Vorstellung ist manches wunderbar, was sich dann in der Realität als Flop erweist. Machen Sie deshalb vorab einen Probelauf, bevor Sie sich unwiderruflich für eine Sache entscheiden. Sie träumen davon, auf dem Land zu leben? Verbringen Sie Ihren nächsten Urlaub auf einem Bauernhof. Dabei stellen Sie möglicherweise fest, dass Sie sich fernab der Stadt zu Tode langweilen. Oder Sie sind so begeistert, dass Sie neue Energie bekommen, um Ihren Traum umzusetzen.

Sehen Sie sich realistisch

Passt das, wofür Sie sich entscheiden wollen, wirklich zu Ihnen? Oder eher zu einem Idealbild, das Sie von sich haben? Fragen Sie sich ehrlich: Besitze ich die persönlichen Voraussetzungen, um mich mit den Folgen dieser Entscheidung wohlzufühlen? Wie in so einem Fall: Sie haben einen interessanten Job in Aussicht. Allerdings beginnt die Arbeit in aller Herrgottsfrühe, und Sie sind ein absoluter Morgenmuffel. Wischen Sie diese Tatsache nicht einfach vom Tisch, nach dem Motto »Daran werde ich mich schon gewöhnen«. Das kann auf die Dauer für Sie zur Qual werden.

Entscheiden Sie mit Weitsicht

Fassen Sie Ihre Entscheidung nicht zu kurz. Fragen Sie sich: Werde ich in drei Jahren mit diesem Entschluss immer noch glücklich sein? Manchmal ist der Spatz in der Hand keineswegs besser als die Taube auf dem Dach. Etwa in dieser Situation: Sie haben zwei Angebote. In der einen Firma würden Sie sofort viel Geld verdienen. In der anderen ist das Anfangsgehalt bescheiden, aber dafür sind die Aufstiegschancen größer – und damit langfristig auch Ihr Verdienst.

Behalten Sie das Gute im Blick

Bei Entscheidungen konzentrieren wir uns meist auf alles, was schiefgehen kann. Führen Sie stattdessen sämtliche Gewinne auf, die Ihnen eine Entscheidung bringt. Vielleicht diese: Sie werden neue Leute kennenlernen, sich einen Lebenstraum erfüllen, interessante Herausforderungen bestehen oder die Liebe erleben. So geben Sie sich selbst wieder Zuversicht und Schwung.

Lassen Sie sich nicht drängen

Auch wenn es eilig ist, ein paar Minuten zum Überlegen müssen immer drin sein. Ziehen Sie sich zurück und machen Sie eine schnelle Pro-und Kontra-Liste. Das geht auch im Kopf. Steht es fifty-fifty, dann werfen Sie einfach eine Münze. An Ihrer Reaktion auf das Resultat, sei es Freude oder Enttäuschung, merken Sie, was Sie wirklich wollen.

Durchhalten oder aufgeben?

Sie verfolgen Ihr Ziel schon lange, aber der gewünschte Erfolg will sich einfach nicht einstellen. Langsam sind Sie frustriert oder werden ungeduldig. Sollen Sie weitermachen?

Winston Churchill wurde gebeten, an der Universität von Oxford vor Studenten einen Vortrag über das Geheimnis seines Erfolges zu halten. Er betrat das Podium und verkündete: »The secret of my success is, I never, never, never gave up.« – »Das Geheimnis meines Erfolges ist, dass ich nie, nie, nie aufgegeben habe.« Dann setzte er sich zur Verblüffung des Publikums wieder auf seinen Platz. Offenbar war der Staatsmann überzeugt, damit hätte er alles Wichtige gesagt. Nicht aufzugeben ist gewiss in vielen Fällen der passende Rat, wenn Sie Ihr Ziel erreichen wollen. Es kann schließlich sein, dass die Erfüllung hinter der nächsten Ecke auf Sie wartet. Vielleicht müssen Sie nur noch eine kleine Weile durchhalten, eine letzte Anstrengung unternehmen, dann bekommen Sie, was Sie wollen. Zeitschriften und Biografien sind voll von beeindruckenden Geschichten, in denen jemand nicht aufgegeben hat und schließlich den verdienten Erfolg, die große Liebe, viel Geld oder Heilung genießen konnte. In diesem Zusammenhang wird auch gerne der Erfinder Thomas Alva Edison zitiert, der beharrlich tausend vergebliche Experimente machte, bis er schließlich die erste Glühbirne entwickelte.

Das Credo vieler MotivationstrainerInnen lautet: »Sie können alles schaffen, wenn Sie nur wollen.« Richtig ist, dass Sie eine Menge erreichen, wenn Sie sich intensiv dafür einsetzen. Alles, wogegen keine objektiv unabänderlichen Tatsachen sprechen, lässt sich prinzipiell mit Disziplin, Fleiß und Engagement erreichen – zumindest bis zu einem gewissen Grad. Wir sehen oft Grenzen, wo gar keine sind. Sie können noch mit 75 als Ausdruckstänzerin auf der Bühne stehen, im Rollstuhl bei den Paralympics eine Goldmedaille gewinnen, als Curvy Model ausgebucht sein oder im Greisenalter die große Liebe finden. Insofern stimmt: »Sie können es schaffen, wenn Sie wirklich wollen.«

Andererseits gibt es keine Garantie dafür, dass Sie tatsächlich erreichen, was Sie anstreben. Sie erbringen Vorleistungen in dem guten Glauben, auf dem richtigen Weg zum Ziel zu sein. Doch je länger es dauert und je weniger ermutigende Zeichen Sie unterwegs erhalten, desto öfter befallen Sie Zweifel: »Lohnt sich der Aufwand wirklich?«, »Mache ich mir vielleicht etwas vor?«, »Ist mein Ziel nur ein Hirngespinst?«, »Sollte ich nicht den Spatz in der Hand der Taube auf dem Dach vorziehen?«, »Habe ich vielleicht nur Rosinen im Kopf?«

Holen Sie sich in dem Fall Rückmeldung von Menschen, denen Sie vertrauen und die ExpertInnen auf dem Gebiet sind, mit dem Sie sich beschäftigen. Möglicherweise schätzen Sie sich und Ihre Fähigkeiten falsch ein. Hier sollten Sie ehrlich zu sich selbst und offen für Kritik sein.

Es wäre jammerschade, wenn Sie Ihre Energie an eine Illusion verschwenden würden. So manche Frau hält sich in einem bestimmten Bereich für begnadet, während ihr Umfeld nur den Kopf schüttelt. Mit einem übersteigerten Selbstbild oder mit unausgegorenen Vorstellungen greift man nach den Sternen und wundert sich, dass die Arme zu kurz sind. Sehen Sie gegebenenfalls mutig der Wahrheit ins Auge.

Gehen wir davon aus, dass Sie Ihre Fähigkeiten richtig einschätzen. Was nun, weitermachen oder aufgeben? Es gibt eine Methode, mit der Sie für sich herausfinden können, wohin sich die Waagschale innerlich neigt. Stellen Sie sich dafür die folgende entscheidende Frage: Würde ich auch dann weiterhin alles für mein Ziel einsetzen, wenn sich am Ende herausstellen sollte, dass ich es nicht erreiche? An meiner Pinnwand hängt der Spruch:

»Do you like the process or only the result?« – »Gefällt Ihnen der Prozess oder nur das Ergebnis?« Wenn Sie bereits der Einsatz für Ihr Ziel begeistert, der mit Ihrem Ziel zusammenhängt, dann haben Sie immerhin die größte Chance, es schließlich zu erreichen. Denn wenn Sie tun, was Sie gerne tun, sind Sie darin auch meist gut, weil Sie sich dann mehr als üblich engagieren. Und wenn Sie gut sind, haben Sie mit Ihrer Tätigkeit nach dem Resonanzprinzip auch meist Erfolg. Damit erhöht sich die Möglichkeit um ein Vielfaches, dass Sie Ihr gestecktes Ziel erreichen. Noch einen weiteren großen Vorteil hat es, wenn Sie lieben, was Sie tun: Schon der Weg ist lustvoll. Es macht Ihnen Freude, sich mit dem jeweiligen Gebiet zu beschäftigen, auch wenn es manchmal schwierig oder anstrengend wird. Falls Sie Ihr Ziel am Ende nicht erreichen sollten – was bei dieser Einstellung eher unwahrscheinlich ist – müssen Sie trotzdem keinen einzigen Tag und keine Anstrengung bereuen, weil das Tun allein für Sie schon eine Belohnung enthält. Suchen Sie sich Ihre Ziele deshalb möglichst nach Ihrer Begeisterung und Ihrem Interesse aus. Sie haben diese Wahl bereits getroffen? Dann geben Sie nie, nie, nie auf.

Mehr Lust in den Alltag bringen

Bei allem Engagement können Sie leicht die Lebensfreude aus den Augen verlieren. Sie erledigen Ihre vielfältigen Aufgaben, ab und zu gibt es ein Highlight, aber im Großen und Ganzen kommt die Pflicht vor der Kür. Dabei besteht die Gefahr, dass Ihr Leben seinen Glanz verliert. Das ist keineswegs nur äußeren Umständen geschuldet, sondern hängt auch von Ihrer Initiative ab. Wir setzen uns meist zu wenig für unsere persönlichen Wünsche und Träume ein. Manchmal müssen wir uns zu unserem eigenen Glück zwingen und den Blick wieder auf das lenken, was wir gerne tun. Dazu möchte ich Ihnen einen kreativen Vorschlag machen. Er wirkt harmlos und spielerisch, aber wenn Sie sich darauf einlassen, werden Sie feststellen, dass er es in sich hat. Es macht Herzklopfen, etwas für ein bunteres Leben zu tun.

Würfeln Sie das Abenteuer

Schreiben Sie sechs Dinge auf, die Sie schon immer gerne tun wollten, aber bisher noch nicht getan haben, weil ...

- Sie keine Zeit dazu hatten.
- es Ihnen zu teuer war.
- Sie sich dabei albern vorkamen.
- Sie ein bisschen Angst davor hatten.
- anderes immer wichtiger war.

Auf Ihrer Liste kann etwa stehen: Mir einen Wellnesstag gönnen. Die Familiengeschichte aufschreiben. Einen Hut kaufen. Einen kurzen Haarschnitt probieren. Mich von einem Fotografen porträtieren lassen. Für einen Marathon trainieren – was immer Sie sich wünschen.

1. ....

2. ....

3. ....

4. ....

5. ....

6. ....

Genau sechs Aktivitäten sind es, weil ein Würfel sechs Augen hat. Den sollen Sie nämlich nun zur Hand nehmen, um Ihre obigen Notizen zum Leben zu erwecken. Wenn Sie zum Beispiel eine Drei würfeln, setzen Sie sofort um, was an dritter Stelle auf Ihrer Liste steht.

Doch bevor es losgeht, sollten Sie hier einen Vertrag mit sich selbst unterschreiben.

Verpflichtungserklärung

Ich, ______________________________ (Ihr Name), verpflichte mich: Sobald ich gewürfelt habe, werde ich tun, was die Augenzahl angibt.

Ort, Datum ______________________________

Unterschrift ______________________________

Ob und wann Sie würfeln, bestimmen Sie selbst. Doch sobald Sie es tun, gilt Ihr Vertrag. Falls sich etwas nicht unmittelbar umsetzen lässt, sollten Sie zumindest sofort alles Nötige dafür in die Wege leiten. Zum Beispiel: Ihr Würfeln ergibt, dass Haareschneiden für Sie dran ist. Dann rufen Sie Ihren Friseur an und vereinbaren einen Termin. Haben Sie eine Aktivität von Ihrer Liste erledigt, wird sie sofort durch eine neue ersetzt, sodass es immer sechs Optionen sind.

Dazu noch ein Tipp aus meiner Erfahrung: Es hat sich bewährt, nicht gleich große Vorhaben zu notieren, sondern lieber mit kleineren Wünschen zu beginnen. Sonst ist es anfangs schwer, den Vertrag einzuhalten. Ein kleiner Schritt über die eigene Komfortzone hinaus fällt leichter als ein Riesensprung. Doch wie heißt es so schön: Jede Reise beginnt mit dem ersten Schritt. Vielleicht steht schon bald etwas Großes auf Ihrer Liste.

Das Gefühl von Dringlichkeit auslösen

Im Englischen gibt es den Begriff der »Bucket List«, eine Liste der größeren Dinge, die man noch gerne tun möchte, bevor man stirbt. Was wollen Sie unbedingt bis dahin erreichen, erleben und erfahren? Vielleicht schreiben Sie einmal auf, was für Sie aussteht. Bei mir ist es zum Beispiel unter anderem ein Besuch der Tempel von Kyoto. Meist verhalten wir uns nach dem Motto: »Alle Menschen sind sterblich, nur ich nicht.« Aus vielen Gründen verschieben wir manche Dinge immer wieder, bis es vielleicht zu spät ist. Ein Gefühl der Dringlichkeit kann Ihre Willenskraft mobilisieren. Deshalb sollten Sie sich gegebenenfalls selbst ein bisschen unter Druck setzen und sich klarmachen, dass Sie keine Zeit mehr verlieren dürfen, um sich Ihre Herzenswünsche zu erfüllen.

Ein gutes Instrument dazu sind die folgenden Fantasievorstellungen. Mit ihnen können Sie vorwegnehmen, was passiert, wenn Sie Ihre Träume und Ziele vernachlässigen. Allerdings sollten Sie diese Übungen nur durchführen, wenn Sie sich dabei wohl und sicher fühlen. Falls währenddessen unangenehme Empfindungen auftauchen, brechen Sie sofort ab und beschäftigen sich mit etwas anderem. Beenden Sie jede Übung, indem Sie die Augen öffnen, die Handflächen aneinander reiben und danach leicht mit den Fingerspitzen Ihr Gesicht abklopfen.

Simulieren Sie Ihre letzte Stunde

Auf den ersten Blick wirkt diese Übung makaber, sie ist aber durchaus wirkungsvoll. Legen Sie sich auf den Rücken, schließen Sie die Augen und atmen Sie tief und ruhig. Stellen Sie sich vor, Sie liegen auf dem Sterbebett und schauen auf Ihr Leben zurück. Sie haben nichts unternommen, um Ihr wichtigstes Ziel zu erreichen oder Ihren Traum zu leben. Bereuen Sie es? Lassen Sie sich Zeit, um Ihre Gefühle wahrzunehmen.

Reisen Sie in der Zeitmaschine

Setzen Sie sich bequem hin und schließen Sie die Augen. Stellen Sie sich vor, Sie sitzen in einer Zeitmaschine und fahren drei Jahre voraus in die Zukunft. Steigen Sie aus und schauen Sie sich in Ruhe um, wie Ihr Leben in drei Jahren aussieht, wenn Sie passiv bleiben. Wo leben Sie? Wie leben Sie? Was tun Sie? Spüren Sie, wie es Ihnen dabei geht. Sind Sie glücklich oder deprimiert? Wenn Sie sich in der Zukunft genug umgesehen haben, reisen Sie wieder in die Gegenwart zurück.

Erstellen Sie eine Verlustliste

Falls Ihnen Fantasieübungen nicht liegen, können Sie stattdessen sachlich eine Verlustliste erstellen: Malen Sie sich sämtliche Nachteile aus, die es Ihnen bringt, wenn Sie sich nicht genug für Ihre Vorhaben engagieren. Was wird Ihnen an Lebensfreude, an beruflichem Erfolg und privatem Glück entgehen? Stellen Sie sich vor, was Sie in Ihrem Leben vermissen werden.

Wahrscheinlich werden die Fantasieübungen oder die Verlustliste ihre emotionale Wirkung auf Sie nicht verfehlen sodass Sie fühlen, wie es sein wird, wenn Sie die Hände in den Schoß legen, und schließlich bedauernd erkennen, dass Sie versäumt haben, rechtzeitig mutig zu handeln. Also wann, wenn nicht jetzt?

V. TEIL:
SICHER AUFTRETEN

Der Kommunikationswissenschaftler Paul Watzlawick hat den berühmten Satz geprägt: »Man kann nicht nicht kommunizieren.« Womit er ausdrücken wollte, dass wir jederzeit eine Botschaft an unsere Umgebung senden, selbst wenn wir nur stumm dasitzen und auf unsere Schuhspitzen starren. In dem Fall vermitteln wir etwa, dass wir keinen Kontakt wünschen oder deprimiert sind. Frei nach Watzlawick möchte ich es so formulieren: Sie können nicht *nicht* auf andere wirken. Wann immer Sie sich in die Öffentlichkeit begeben, zeigen Sie etwas von sich. Sei es beim Bäcker, beim Zahnarzt, im Meeting, beim Elternabend in der Schule, im Büro, auf Omas Geburtstag oder im Yogakurs. Sie geben automatisch ein Erscheinungsbild ab und erzielen damit eine Wirkung. Wenn Sie sich im Alltag durchweg souverän zeigen wollen, reicht es nicht, sich für einen positiven Effekt besondere Auftritte herauszupicken, wie eine Präsentation im Job oder das erste Date. Wenn es darum geht, sich souverän zu zeigen, sollte das auch im Alltag funktionieren. Doch dazu sind einige Vorüberlegungen nötig.

Wer bin ich?

Ein wirkungsvoller Auftritt hängt davon ab, was Sie anderen von sich vermitteln möchten. Deshalb besteht Ihre Vorbereitung für eine positive Wirkung zunächst darin, zu erkennen, wer Sie sind. Je genauer Sie das wissen, desto besser können Sie bestimmen, was Sie von sich zeigen. Ihre Wirkung ist dann nicht mehr zufällig, sondern kontrolliert. Zwar ist es eine lebenslange Aufgabe, sich selbst umfassend zu erforschen, für unsere praktischen Zwecke reicht es jedoch aus, dass Sie einmal gründlich über sich nachdenken und dazu Ihre Erfahrungen mit sich selbst nutzen. Schließlich kennen Sie sich am besten.

Akzeptieren Sie Ihr Naturell

Wir werden vor allem durch unser Naturell bestimmt. Es lässt sich durch eine von zwei gegensätzlichen Verhaltensweisen beschreiben: Extraversion und Introversion. Aus dem Lateinischen übersetzt bedeuten diese von dem Psychologen C. G. Jung geprägten Begriffe »Wendung nach außen« und »Wendung nach innen«. Extravertierte (auch: Extrovertierte) richten ihre Aufmerksamkeit hauptsächlich auf ihr Umfeld. In Gesellschaft fühlen sie sich erst so richtig wohl. Ihnen fällt es leicht, Kontakte zu knüpfen. Introvertierte dagegen sind überwiegend auf sich und ihre Innenwelt bezogen. Sie brauchen den Rückzug und können sich wunderbar allein beschäftigen. Zwischen diesen beiden Polen gibt es abgeschwächte Formen, die mehr zur einen oder anderen Richtung weisen. Wohin tendieren Sie? Wahrscheinlich können Sie die Frage intuitiv beurteilen, aber um es sichtbar zu machen, habe ich ein kleines Typ-Profil entwickelt. Es zeigt Ihnen in Kurzform, ob Sie mehr zur extravertierten oder introvertierten Seite neigen. Kreuzen Sie jeweils an, wo Sie sich zwischen den beiden Gegensatz-Paaren einordnen. Je näher Sie Ihr Kreuz an eine Eigenschaft setzen, desto stärker ist diese bei Ihnen ausgeprägt.

ruhig	☐	☐	☐	☐	☐	☐	☐	lebhaft
zurückhaltend	☐	☐	☐	☐	☐	☐	☐	kontaktfreudig
klassisch	☐	☐	☐	☐	☐	☐	☐	modisch
empfindlich	☐	☐	☐	☐	☐	☐	☐	robust
diszipliniert	☐	☐	☐	☐	☐	☐	☐	lässig
besonnen	☐	☐	☐	☐	☐	☐	☐	spontan
rational	☐	☐	☐	☐	☐	☐	☐	emotional
beharrlich	☐	☐	☐	☐	☐	☐	☐	flexibel
konzentriert	☐	☐	☐	☐	☐	☐	☐	vielseitig interessiert
kritisch	☐	☐	☐	☐	☐	☐	☐	begeisterungsfähig
vorsichtig	☐	☐	☐	☐	☐	☐	☐	risikofreudig

Verbinden Sie nun Ihre angekreuzten Punkte von oben nach unten miteinander. Auf diese Weise erhalten Sie Ihr Profil. Schauen Sie, in welche Richtung es hauptsächlich tendiert. Hier sind einige Hinweise für die Auswertung:

- Profil-Schwerpunkt auf der rechten Seite: Sie orientieren sich nach außen.

- Profil-Schwerpunkt auf der linken Seite: Sie sind nach innen gerichtet.
- Zickzack-Muster zwischen den Gegensätzen: Sie bewegen sich flexibel zwischen Innen- und Außenwelt.
- Profil-Schwerpunkt in der Mitte: Sie sind vom Temperament her ausgeglichen.

Dieser kleine Check verdeutlicht, ob Sie mehr zu den Stillen im Lande oder eher zu den Lebhaften zu rechnen sind. Im Prinzip dürfte Ihnen das Ergebnis nicht neu sein, denn diesen Zug zeigen Sie mit Sicherheit schon von Kindheit an. Weltweite Langzeitstudien und neurobiologische Ergebnisse bestätigen, dass es eine Frage der Gene ist, ob wir eher introvertiert oder extravertiert sind.

Haben Sie bisher mit Ihrem Naturell gehadert und versucht, dagegen anzukämpfen? Fanden Sie das Gras auf der anderen Seite grüner und haben sich gewünscht, so wie Ihre spontane, temperamentvolle oder im Gegenteil wie Ihre kluge, besonnene Freundin zu sein? Dann können Sie sich aufgrund dieser wissenschaftlichen Erkenntnisse entspannen. Sie müssen nicht länger versuchen, sich grundlegend zu verändern. Indem Sie Ihr Naturell akzeptieren, ersparen Sie sich unnötige Anstrengung und falsche Vorbilder. Falls Sie still und nachdenklich sind, wird beim besten Willen keine Entertainerin aus Ihnen, die sprühend lustige Geschichten erzählt. Und wenn Sie lebhaft und spontan sind, hilft es wenig, dass Sie sich ständig auf die Zunge beißen und sich zurücknehmen. Konzentrieren Sie sich lieber auf die Stärken Ihres Naturells. Akzeptieren Sie, dass Sie introvertiert beziehungsweise extravertiert sind oder irgendwo dazwischenliegen. Ein überzeugendes, souveränes Auftreten gelingt Ihnen nämlich nur, wenn Ihre Selbstdarstellung mit Ihrem Naturell übereinstimmt. Alles andere wirkt verkrampft und falsch.

Entdecken Sie Ihre Einzigartigkeit

Abgesehen von Ihrem Naturell besitzen Sie individuelle Eigenschaften, mit denen Sie sich positiv von anderen abheben. Sagen Sie jetzt bitte nicht bescheiden: »Ich bin doch nichts Besonderes.« oder »Was soll denn an mir schon interessant sein?« Sie sind einmalig. Die Kombination Ihrer Gene und Erfahrung gibt es definitiv kein zweites Mal. Grund genug, dass Sie sich strahlend zeigen und damit Ihre Umgebung bereichern. Die Philosophin Hannah Arendt drückt es so aus: »Es geschieht nichts Neues unter der Sonne, es sei denn, dass Menschen das Neue, das in die Welt kam, als sie geboren wurden, handelnd als einen neuen Anfang in das Spiel der Welt werfen.« Deshalb sollten Sie herausfinden, was das Besondere an Ihnen ist.

In der Werbung spricht man von der »Unique Selling Proposition« (USP) eines Produkts, seinem Alleinstellungsmerkmal. Darunter versteht man diejenige Eigenschaft, die es aus allen anderen seiner Art heraushebt. Etwa, wenn ein Waschmittel »nicht nur sauber, sondern rein« wäscht. Im Gegensatz zu den fantasievollen Besonderheiten, die die Werbung erfindet, geht es bei Ihnen darum, echte Alleinstellungsmerkmale zu entdecken. Falls Sie die nicht auf Anhieb nennen können, kommen Sie sich mit den folgenden drei Fragen auf die Spur:

Was begeistert Sie?

Begeisterung weist Ihnen den Weg zu Ihren individuellen Glanzpunkten. Sie können nämlich nur begeistert sein, wenn Sie sich innerlich angesprochen fühlen. Was immer Sie entzückt, findet einen Widerhall in Ihrem Wesen. Bestimmt fallen Ihnen spontan einige Dinge ein, die Sie in der letzten Zeit begeistert haben, etwa ein Bild auf einer Ausstellung, eine interessante Reisedokumentation im Fernsehen, eine gute Idee im Job. Fragen Sie sich: Was genau hat mich daran angesprochen? Welcher Wert steckt für mich dahinter? Das Gemälde drückt vielleicht durch seine kräftigen Farben Lebendigkeit aus. Die Dokumentation spiegelt Ihre Lust auf Abenteuer wider. Die gute Idee hat Ihre Kreativität gezeigt. Versuchen Sie, die Essenz dessen herauszufiltern, was in Ihnen die Begeisterung auslöst. Vielleicht werden Sie entdecken, dass Sie im Grunde immer von dem Gleichen begeistert sind. Ich habe zum Beispiel festgestellt, dass ich glücklich bin, wenn ich eine psychologische Erkenntnis gewinne, in welcher Form sie mir auch immer begegnet: Als gutes Sachbuch, als sternenklarer Himmel oder intensives Gespräch. Vielleicht ist es für Sie Liebe, Schönheit, Herausforderung oder Abenteuer. Wenn Sie hinter die Kulissen Ihrer Begeisterung schauen, erfahren Sie, wo das Besondere Ihres Wesens liegt.

Was können Sie besser als viele andere?

Womit auch immer Sie sich beschäftigen, Sie sind nicht die Einzige. Es gibt viele, die den gleichen Beruf ausüben, das gleiche Hobby oder die gleiche Aufgabe haben. Was also unterscheidet Sie von denjenigen in Ihrem Umfeld, die sich mit Ähnlichem befassen? Was ist Ihre individuelle Fähigkeit auf diesem Gebiet? Zwei Frauen aus meiner Bekanntschaft sind ein gutes Beispiel dafür, wie das aussehen kann.

Heidi hat eine Boutique, ziemlich versteckt in einer Seitenstraße. Auf Laufkundschaft kann sie kaum zählen. Das ist aber auch nicht nötig, denn zu Heidi kommen die Stammkundinnen sogar aus anderen Städten. Heidi kann nämlich mehr, als nur verkaufen wie viele andere, sie berät hervorragend. Sie hat einen untrüglichen Blick für die Frau, die vor ihr steht, und sagt auch schon mal entschieden: »Das passt nicht zu Ihnen.« Die meisten verlassen glücklich mit vollen Tüten ihren Laden. Dass ihre Beratung tatsächlich ihr Alleinstellungsmerkmal ausmacht, zeigt sich, als sie für ein paar Wochen krank im Bett liegt und eine Kollegin aushilfsweise das Geschäft führt. Das Kleidersortiment ist das gleiche wie bisher, die Kollegin ist freundlich und bemüht. Trotzdem sinkt der Umsatz deutlich.

Lena kann besonders gut zuhören. Andere hören auch aufmerksam zu, aber Lena besitzt die Gabe, zum offenen Reden zu ermutigen und genau diejenigen Fragen zu stellen, die ihr Gegenüber weiterbringen. »Ich brauche ihr nur zu erzählen, was bei mir los ist – und schon entwirren sich meine Probleme wie von selbst«, sagt eine ihrer Freundinnen.

Bei Qualitäten dieser Art sprechen wir normalerweise von »Naturtalent«. Doch besondere Fähigkeiten können auch mit einer Mischung aus Leidenschaft und Beharrlichkeit entwickelt werden. Etwas durch intensiven Einsatz zu erwerben, ist ebenso viel wert wie ein angeborenes Talent. Sei es berufliche Kompetenz, ein beachtliches Netz von Kontakten, eine Eigenschaft wie Geduld oder Verhandlungsgeschick.

Wofür lobt man Sie?

Ihr Umfeld ist ein Spiegel, der meist ein ehrliches Bild zurückwirft. Andere haben oft einen klareren Blick auf Sie als Sie selbst. Wenn Sie Ihre besonderen Fähigkeiten herausfinden möchten, dann überlegen Sie doch einmal:

- Was loben andere immer wieder an mir?
- Wofür hat man mir bisher Komplimente gemacht?

- Worum bitten mich andere besonders häufig?
- Wofür hat man sich schon oft bei mir bedankt?

Am besten notieren Sie sich, was Sie häufig hören. Wiegeln Sie bitte nicht innerlich ab: »Ach, das kann doch jede.« Nein, kann sie eben nicht. Nehmen Sie als Wahrheit an, was man Positives über Sie sagt. Das gilt besonders, wenn Sie es von mehr als einer Person hören.

Kreieren Sie Ihren Werbetext

Manchmal macht uns falsche Bescheidenheit blind für unsere Stärken. Unsere strenge innere Kritikerin sagt, dass wir keinen Grund haben, uns zu rühmen. Dagegen hilft ein kreativer Umweg: Suchen Sie sich eine Tätigkeit aus Ihrem Berufs- oder Privatleben heraus, die Sie Ihrer Meinung nach ganz ordentlich beherrschen. Schreiben Sie dazu einen Werbespruch. Je dicker Sie auftragen, desto besser. Ein japanischer Autokonzern behauptet schließlich auch: »Nichts ist unmöglich.« Bezeichnen Sie sich als »Supermutter, die ihre Kinder zu den glücklichsten Menschen der Welt erzieht«, als »Begnadete Gärtnerin mit dem berühmten grünen Daumen, bei der jede Pflanze prächtig gedeiht«, als »Motivierendste Lehrerin der Schule, die unglaublich interessanten Unterricht macht«. Ihre Beiträge zu Diskussionen sind »einzigartig inspirierend« oder Sie haben ein »geniales Gespür für Zahlen«. Wenn Sie nun die Übertreibung ein wenig mildern, etwa von »weltbeste« zu »sehr gute«, bleibt als Extrakt übrig, was Sie tatsächlich zu bieten haben.

Schreiben Sie Ihren Nachruf

Die alten Römer prägten den Spruch »De mortuis nihil nisi bene« – »Über Verstorbenen sage man nur Gutes«. Genau deshalb ist ein Nachruf das Richtige. Er betont Ihre Stärken, Ihre guten Seiten und sorgt dafür, dass Sie sich mit einem wohlwollenden Blick betrachten. Formulieren Sie ihn so positiv, dass es Ihnen die Tränen in die Augen treibt. Und dann freuen Sie sich, dass Sie ja zum Glück noch quicklebendig sind und Ihrem Umfeld Ihre schönen Seiten noch lange zeigen können.

Vielleicht regt Sie der Nachruf von Martina, einer 31-jährigen Buchhändlerin, an. Sie erfreut sich bester Gesundheit und hat ihn mit einem Augenzwinkern geschrieben: »Wir bedauern zutiefst, dass Martina nicht mehr unter uns weilt. Sie war ein so wunderbarer Mensch. Ihre Freunde konnten sich immer auf sie verlassen. Nicht nur in guten Zeiten war sie für sie da, nein, sie stand ihnen auch in Krisen treu zur Seite. Ihr Ehemann zeigt sich untröstlich, hat er doch eine loyale Kameradin und fantasievolle Geliebte verloren. Ihren Eltern war sie stets eine gute Tochter. Nahezu täglich rief sie an und erkundigte sich, wie es ihnen ginge. Martinas Kollegen wissen gar nicht, wie sie die Lücke schließen sollen, die ihr Fortgang reißt. Mit ihrer ausgleichenden Art und guten Laune hat sie das Betriebsklima entscheidend mitbestimmt. Die Kunden liebten sie, weil sie ihnen mit Fingerspitzengefühl und großer Sachkenntnis die passende Lektüre empfahl. Der Tennisclub hat mit ihr ein talentiertes Mitglied verloren.«

Sie haben sich nun intensiv und auf unterschiedliche Weise mit sich beschäftigt. Ich hoffe, dass Sie dadurch (wieder) einen Blick für Ihre Einzigartigkeit gewonnen haben. Sicher haben Sie gemerkt, wie lebendig und vielfältig Ihre Eigenschaften und Fähigkeiten sind. Die gilt es zu zeigen. Stellen Sie Ihr Licht nicht unter den Scheffel, stehen Sie zu dem, was und wie Sie sind.

Bestimmen Sie Ihre äußere Wirkung

Der scharfzüngige Schriftsteller und Dandy Oscar Wilde hat gesagt: »Nur Narren urteilen nicht nach dem Augenschein.« In gewisser Weise hat er recht. Innerhalb von Sekunden gleichen wir die äußeren Signale, die unser Gegenüber sendet, mit den in unserem Gehirn gespeicherten Daten ab und ziehen unsere Schlüsse. Wir urteilen rasch, aber es liegt keineswegs an einer oberflächlichen Einstellung. Es handelt sich um ein Erbe aus der Zeit, als unsere Vorfahren im Urwald unterwegs waren. Für sie war es lebenswichtig, sofort zu entscheiden, ob sie einen Freund oder Feind vor sich hatten. Als Anhaltspunkte dienten ihnen neben feststehenden Merkmalen wie Größe und Hautfarbe vor allem zwei Bereiche: Die Körpersprache und die äußere Aufmachung. Bis heute erlaubt uns beides, unsere Artgenossen auf einen Blick zu erfassen und selbst erfasst zu werden.

Zeigen Sie eine sichere Körpersprache

Je offener Sie sich optisch zeigen, je mehr Sie Ihren Bewegungsspielraum nutzen, desto deutlicher signalisieren Sie Souveränität. Um das zu demonstrieren, bat ich während eines Vortrags zum Thema »Selbstsicherheit« das Publikum, auf den Sitzplätzen zusammenzusinken, die Arme eng um den Körper zu schlingen, den Kopf zu senken und dann mit lauter, klarer Stimme zu verkünden: »Ich bin selbstsicher.« Heraus kam ein gepresstes Gemurmel, das so klang, als hätte ich den Satz »Ich bin deprimiert« vorgegeben. Aufrecht, mit erhobenem Kopf und freier Brust hörte sich das völlig anders und sehr überzeugend an.

Wenn Sie das Ziel haben, sich souverän zu zeigen, dann ist es sinnvoll, bewusst an Haltung, Gestik und Mimik zu arbeiten.

Die Körpersprache hat zwar eine ganze Grammatik mit tausend Feinheiten, doch es reicht, wenn Sie die folgenden Grundlagen kennen.

Ihre Haltung – signalisieren Sie Selbstsicherheit

Stehen und sitzen Sie aufrecht

Schon unsere Sprache verrät, wie sehr eine gute körperliche Haltung mit positiven Eigenschaften verknüpft ist. Wir sagen: »Jemand hat einen aufrechten Charakter« oder er »bewahrt Haltung«. Man spricht vom »aufrechten Gang« und dass sich jemand »nicht verbiegt.« Indem Sie den Rücken gerade machen, signalisieren Sie Selbstvertrauen. Leider ist das nicht allein mit dem Willen zu erreichen, sondern erfordert auch Muskelkraft. Ohne ein kräftiges Muskelkorsett sinken Sie in sich zusammen, sobald die Konzentration nachlässt. Wenn es Ihnen schwerfällt, können Yoga, Pilates oder Gymnastik Ihre Haltung verbessern.

Halten Sie den Kopf gerade

Wir Frauen neigen dazu, beim Zuhören und Sprechen den Kopf schräg zu halten. Wohlmeinend kann das bedeuten »Ich bin dir zugeneigt«. Aber es hat zudem eine andere Symbolik: Wir weichen optisch einer Konfrontation aus und appellieren an die Freundlichkeit unseres Gegenübers. Dahinter steckt ebenfalls unser animalisches Erbe. Ein Wolf, der seine Unterlegenheit zeigen will, hält seinem Angreifer die Kehle hin. Ähnlich signalisieren wir mit unserer schrägen Kopfhaltung: »Du könntest mich verletzen, wirst es aber nicht tun, weil ich mich dir unterordne.« Also halten Sie bitte Ihren Kopf gerade, wenn Sie souverän wirken möchten.

Nehmen Sie Raum ein

Wo immer Sie sind, nehmen Sie den vollen Platz ein. Setzen Sie sich nicht auf die Stuhlkante, sondern auf die gesamte Fläche. Stehen Sie bei gesellschaftlichen Ereignissen nicht scheu in einer Ecke. Vermeiden Sie es auch, sich haltsuchend an die Wand zu lehnen. Bewegen Sie sich häufig in die Mitte des Raumes. Wenn man Sie hereinbittet, nachdem Sie angeklopft haben, dann warten Sie nicht zögerlich an der Tür, sondern gehen Sie energisch auf Ihr Ziel zu. Schließlich haben Sie keine Audienz beim Papst.

Ihre Gestik – strahlen Sie Gelassenheit aus

Bauen Sie Ihre Barrieren ab

Wer sich verschanzt, hat Angst und will sich schützen. Eine klassische Barriere bilden Sie, indem Sie Ihre Arme vor der Brust verschränken. Doch auch mit der Handtasche oder einem Aktenordner lassen sich hervorragend Mauern bauen. Ich erinnere mich daran, dass mich die Redakteurin eines Boulevardblattes zur Körpersprache der jungen Lady Diana befragte und mir dazu einige Fotos vorlegte. Auf fast jedem hielt Lady Di schützend ihre Handtasche vor der Brust. Sie haben es nicht nötig, sich zu verbarrikadieren, halten Sie Ihren Oberkörper offen.

Machen Sie ruhige Bewegungen

Ruhige Bewegungen signalisieren Souveränität. Hastige und fahrige Gesten lassen Sie dagegen unsicher erscheinen. Fummeln Sie nicht an Ihrer Kette herum und zupfen Sie nicht an Ihrer Kleidung. Außerdem: Bitte Hände weg vom Gesicht. Die Hand vor dem Mund wirkt gehemmt oder unehrlich. Ein aufgestütztes Kinn weist auf Müdigkeit hin. Wer sich die Nasenflügel reibt, erscheint leicht unentschlossen. Mir fällt es auch unangenehm auf, wenn sich Frauen immer wieder ihre Haare aus dem Gesicht streichen, ohne dass es nötig wäre. Diese nervöse Geste soll ähnlich wie das »äh« beim Sprechen eine kleine Unsicherheit überbrücken. Achten Sie darauf, dass Ihnen das nicht automatisch unterläuft.

Machen Sie bewusste Bewegungen

Brechen Sie eine Geste nicht mittendrin ab, sondern halten Sie sie für eine Sekunde. Das wirkt entschlossen. Wenn Sie Ihre Bewegung nicht zu Ende führen, gewinnt Ihr Gegenüber den Eindruck, dass Sie auch sonst dazu neigen, einen Rückzieher zu machen. Außerdem gilt die »Drei-Gelenke-Regel«: Je »lauter« Sie mit Ihrer Gestik sein möchten, desto mehr Gelenke dürfen Sie einsetzen. Vor einer kleinen Gruppe von Personen sollten Sie nur aus den Handgelenken heraus gestikulieren, alles andere wirkt übertrieben. Vor einer mittelgroßen Gruppe, etwa ab 20 Personen, wird auch der Ellbogen, das zweite Gelenk, eingesetzt. Sie nutzen also auch Ihre Unterarme. Vor einer großen Gruppe, etwa als Rednerin in einem vollen Saal, dürfen Sie für die ganz große Geste auch Ihr Schultergelenk einsetzen. So reißen etwa MotivationstrainerInnen häufig die Arme hoch, um ihr Publikum anzufeuern.

Ihre Mimik – zeigen Sie Aufrichtigkeit

Halten Sie Blickkontakt

Ein offener, gerader Blick steht in unserem Kulturkreis für Aufrichtigkeit. Von daher ist Blickkontakt wichtig. Das bedeutet allerdings nicht, dass Sie Ihr Gegenüber ununterbrochen anstarren müssen. Im Gegenteil, das würde sogar bedrohlich wirken. Untersuchungen haben ergeben, dass es völlig ausreicht, innerhalb eines Gespräches zu 75 Prozent Blickkontakt zu halten. Sie dürfen also zwischendurch immer mal wieder den Blick lösen und woanders hinschauen. Falls Ihnen ein direkter Blick schwerfällt, nutzen Sie den TV-Trick: Die meisten TV-Ansagerinnen lesen ihren Text vom Teleprompter ab. Trotzdem hat man als Zuschauerin den Eindruck, man würde direkt angesehen. Den gleichen Effekt erzielen Sie, wenn Sie Ihrem Gegenüber zwischen die Augen auf die Nasenwurzel schauen.

Lächeln Sie echt

Lächeln Sie niemals aus Angst, nach dem Motto: »Bitte tu mir nichts, ich bin auch ganz friedlich.« Lächeln Sie nur, wenn Ihnen wirklich danach ist. Diese Einstellung verbürgt ganz nebenbei, dass Ihr Lächeln als ehrlich wahrgenommen wird. Erst mit Gefühl entsteht das sogenannte Duchenne-Lächeln, benannt nach dem französischen Neurologen. Er fand heraus, dass ein echtes Lächeln andere Muskelgruppen aktiviert als bloßes Verziehen der Lippen. Ein lächelnder Mund und kalte Augen passen nicht zusammen. Sie können bewusst Wärme in Ihren Blick bringen, indem Sie in Ihrer Vorstellung Ihren Mund mit Ihrem Herzen verbinden.

Vielleicht kommt es Ihnen künstlich vor, so intensiv auf Ihre Haltung, Gestik und Mimik zu achten. Das mag sich zunächst so anfühlen, aber indem Sie sich bemühen, diese Dinge zu optimieren, verlieren Sie keineswegs Ihre Authentizität oder Natürlichkeit. Betrachten Sie es als Fortgeschrittenenkurs Ihrer Körpersprache. Sie sprechen nicht mehr intuitiv und unkontrolliert, sondern bewusst. Damit haben Sie es in der Hand, wie Sie auf andere wirken.

Achten Sie auf Ihr Styling

Wahrscheinlich haben Sie diesen Satz schon einmal gehört: »Sie können tragen, was Sie wollen, wenn Sie es nur selbstbewusst tun.« Schön wäre es, wenn sich guter Rat in puncto Kleidung auf diese einfache Formel zurückführen ließe. Dann müssten Sie lediglich Ihre Selbstsicherheit trainieren und dürften danach wild kombinieren, was Ihr Kleiderschrank hergibt. Doch leider gilt das nur selten. Sie tun sich keinen Gefallen, wenn Sie optisch einfach Ihren Kopf durchsetzen. Die äußere Erscheinung richtet sich nämlich nicht so beliebig nach dem persönlichen Geschmack, wie viele vielleicht glauben. Sie ist ein Code, mit dem wir unserer Umwelt signalisieren, welcher sozialen Gruppe wir angehören. Setzen Sie sich äußerlich zu stark von der Gruppe ab, zu der Sie gehören oder gehören möchten, dann wirken Sie auf die Mitglieder fremd und lösen spontan Abwehr aus. Zudem irritieren Sie damit Außenstehende, die bestimmte Erwartungen an Sie als Mitglied dieser Gruppe stellen. Sicher wären auch Sie verwundert, wenn die Erzieherin in der Kita Ihr Kind im kleinen Schwarzen betreuen oder Ihr Steuerberater Sie in löcherigen Jeans und T-Shirt in seinem Büro empfangen würde. Bei Outfit, Frisur und Make-up reagieren wir automatisch auf bestimmte Schlüsselreize, die wir gemäß unserem Vorwissen interpretieren. Untersuchungen haben ergeben, dass bereits zwei starke Signale ausreichen, um eine Person in eine bestimmte Schublade zu stecken. Machen Sie selbst einmal die Probe aufs Exempel: Was fällt Ihnen zu den folgenden Merkmalen ein: Birkenstockschuhe und Jutetasche. Rote High Heels, platinblonde Locken. Nasenpiercing, schwarzgefärbte Igelfrisur. Gewiss ist schon aufgrund dieser knappen Angaben vor Ihrem inneren Auge das Bild einer Öko-Frau, eines Vamps und einer Punkerin entstanden. Sie kommen nicht umhin, sich für Ihre Zwecke einigen optischen Regeln anzupassen. Für eine positive Einschätzung sind die Gemeinsamkeiten zwischen den Personen der Gruppe, zu der Sie gehören oder gehören möchten, äußerst wichtig. In der Psychologie nennt man das den Affinitätseffekt. Dass es den tatsächlich gibt, kann ich nur bestätigen. Als unser Sohn Felix noch klein war, wechselten sich mein Mann und ich tagsüber mit seiner Betreuung ab. Wenn unsere beruflichen Termine dicht hintereinanderlagen, erfolgte die Übergabe im fliegenden Wechsel, sodass ich keine Zeit mehr fand, mich zwischendurch umzuziehen. Dann saß ich notgedrungen im Kostüm am Rand der Sandkiste und wurde von den anderen Müttern misstrauisch beäugt. In Jeans gehörte ich wieder dazu.

Im Privatleben kann eine zu stark abweichende Aufmachung Sie isolieren. Wenn Sie akzeptiert werden wollen, orientieren Sie sich locker an dem Milieu, in dem Sie sich bewegen. Solange Sie nicht extrem aus dem Rahmen fallen, haben Sie individuelle Freiheit. Strenger geht es im Berufsleben zu. Hier entscheidet Ihr Outfit nicht nur darüber, ob Sie beliebt sind oder nicht. Mangelnde Anpassung kann möglicherweise Ihren Erfolg verhindern. Nicht umsonst spricht man von »Dress for Success«, Kleidung für den Erfolg. Welche Aufmachung Ihnen den größten Erfolg bringt, hängt von der Berufsgruppe ab, in der Sie sich bewegen. Außerdem können Sie nichts falsch machen, wenn Sie sich an folgende Checkliste halten:

- Wählen Sie Qualität.
- Bleiben Sie schlicht. Weniger ist mehr.
- Kleiden Sie sich gemäß Ihren Proportionen.
- Vermeiden Sie Extreme in Form und Farben.

Sich optisch im richtigen Rahmen zu bewegen, heißt jedoch nicht, dass Sie haargenau wie alle anderen aussehen müssen. Schließlich sind Sie kein Klon. Nach der Pflicht kommt die Kür:

Sie können eine Prise Individualität hinzufügen, damit Sie trotz einer grundlegenden Anpassung unverwechselbar sind. Dabei reicht die Skala von »dezent« bis »extravagant«. Wie weit Sie gehen wollen, hängt von Ihren Zielen ab. Überlegen Sie deshalb vor Ihrem Auftritt genau: Möchten Sie lieber in der Menge untertauchen? Oder ist Ihnen wichtig, dass man Sie deutlich wahrnimmt und sich noch lange an Sie erinnert? Tarnkleidung empfiehlt sich immer, wenn Sie müde sind oder sich nicht gut vorbereitet haben. Auffallen ist angesagt, wenn Sie im Mittelpunkt stehen wollen, sich von der Konkurrenz abheben möchten oder sich wünschen, dass man über Sie spricht.

Solange Sie mit Ihrer äußeren Kür den Dresscode Ihrer Branche nicht völlig torpedieren, gilt dann tatsächlich: Sie können tragen, was Sie wollen, wenn Sie es selbstsicher tun.

Knüpfen Sie geschickt Kontakte

Gewiss kennen auch Sie Situationen, in denen Sie sich gewünscht haben, Sie hätten einen Rhetorikkurs oder ein Schlagfertigkeitsseminar besucht. Etwa solche: Auf der Party kennen Sie nur die Gastgeber. Ihr Chef bittet Sie, einen neuen Kunden vom Bahnhof abzuholen. Beim Festessen hat man Sie ausgerechnet zwischen zwei Personen gesetzt, die Sie nur flüchtig kennen. Beim Besuch von Bekannten verebbt das Gespräch, ein Engel schwebt durch den Raum.

Kein Grund zu Panik oder Peinlichkeit. Entspannen Sie sich. Es gibt einfache Methoden, souverän ins Gespräch zu kommen.

Die Kunst des Smalltalks

Ein Königsweg zum Kontaktknüpfen ist der Smalltalk, das leichte Geplauder über Gott und die Welt. Werten Sie es bitte nicht als oberflächlich ab, denn es hat viele Vorteile: Falls Sie jemanden noch nicht kennen, können Sie unverbindlich prüfen, wen Sie vor sich haben, ob Sie auf einer Wellenlänge liegen und ob Sie die Begegnung vertiefen möchten. Sie können eine angenehme Atmosphäre schaffen, ohne gleich zu viel Nähe herzustellen. Betrachten Sie den Smalltalk wie ein Tennisspiel. Mit ein paar freundlichen Sätzen machen Sie die Ballangabe, der andere spielt mit seiner Erwiderung den Ball zurück. Dann sind Sie wieder dran. Wie bei jedem Spiel werden Sie garantiert immer besser, je mehr Sie üben. Und so geht es:

Wählen Sie allgemeine Themen

Zum Plaudern eignen sich neutrale Themen wie Essen, Reisen, Hobbies, Filme oder Bücher. Tabu sollten sein: Probleme, Krankheiten, Familiengeschichten, eigene Schwächen und Fehler, Sex, Geld und Politik. Gespräche darüber setzen voraus, dass man Vertrauen zueinander hat. Warten Sie damit lieber, bis eine echte Freundschaft entstanden ist.

Finden Sie Gemeinsamkeiten

Sprechen Sie etwas an, das Sie gerade miteinander teilen, sei es das leckere Büfett oder die schöne Aussicht. Was immer geht, ist das Wetter, denn das betrifft jeden. Haben Sie keine Angst vor Banalitäten. Zu Beginn müssen Sie sich weder besonders scharfsinnig noch witzig äußern. Vermutlich würde das Ihre GesprächspartnerInnen sogar eher abschrecken, weil sie dann unter

Druck geraten, sich ebenso eloquent zu äußern. Nach einem einfachen Einstieg können Sie immer noch beweisen, wie intelligent, gebildet oder unterhaltsam Sie sind.

Fragen Sie offen

Zeigen Sie, dass Sie an Ihrem Gegenüber interessiert sind. Günstig sind sogenannte »offene« Fragen, die man nicht nur mit einem einfachen Ja oder Nein beantworten kann. Mit ihnen erreicht man, dass der andere etwas ausführlich erklären oder beschreiben muss. Sie beginnen mit: »Wie kommt es, dass ...?«, »Warum haben Sie ...?«, »Wie finden Sie eigentlich ...?«, »Was halten Sie denn von ...?« Damit können Sie ein Gespräch nicht nur beginnen, sondern auch in Gang halten. Dass das nicht zur Inquisition ausarten darf, nach dem Motto »Was verdienen Sie denn so?«, ist natürlich selbstverständlich.

Hören Sie aktiv zu

Wenn Sie zu den Stillen im Lande gehören, können Sie mit Zuhören Ihre besondere Stärke ausspielen. Die meisten Menschen reden gern über sich. Indem Sie dafür die Voraussetzung schaffen, gewinnen Sie mehr Sympathie als mit der besten Selbstdarstellung. Konzentrieren Sie sich voll auf Ihren Gesprächspartner. Spiegeln Sie mit Ihrer Mimik wider, dass Sie genau zuhören, wirken Sie an den richtigen Stellen begeistert oder erstaunt. Fördern Sie den Redefluss Ihres Gegenübers mit einem bestätigenden Nicken, signalisieren Sie Verständnis oder fragen Sie interessiert nach. Sie fürchten, dass Sie vielleicht langweilig wirken, weil Sie so wenig von sich erzählen? Das Gegenteil ist der Fall: Untersuchungen belegen, dass Ihr Gesprächspartner oder Ihre Gesprächspartnerin dank Ihrer wertschätzenden Aufmerksamkeit unbewusst positive Eigenschaften wie Intelligenz und Persönlichkeit auf Sie überträgt.

Bieten Sie Unterstützung an

Höfliche Aufmerksamkeit kommt gut an und führt meist weiter. Schauen Sie sich um, wo Sie auf diese Weise praktisch Kontakt knüpfen können. Vielleicht so: Sie haben auf einer Veranstaltung am Getränkebüfett gerade die Kaffeekanne in der Hand und sehen, dass sich neben Ihnen auch jemand bedienen möchte. Bieten Sie freundlich lächelnd an: »Darf ich Ihnen auch eine Tasse einschenken?« Sie können noch ein paar persönliche Worte hinzufügen, wie: »Einen Kaffee kann man jetzt wirklich gut vertragen.« Oder Sie sprechen gezielt jemanden an: »Ihr Glas sieht so leer aus. Ich hole mir gerade einen Saft. Soll ich Ihnen auch einen mitbringen?«

Machen Sie Komplimente

Suchen Sie sich etwas heraus, das Ihnen wirklich gefällt, sei es Äußerliches, eine Eigenschaft oder eine Leistung. Sprechen Sie es an: »Ich bewundere Ihre schöne Brosche.«, »Dass Sie dem Redner widersprochen haben, fand ich sehr mutig von Ihnen.« Oder »Ich habe gehört, Sie haben einen Preis gewonnen. Herzlichen Glückwunsch, das ist ja großartig.« Oft animiert Ihr Lob die anderen dazu, sich weiter mit Ihnen zu unterhalten: »Ja, die Brosche habe ich von meiner Großmutter geerbt ...« oder »Wissen Sie, das war gar nicht so einfach ...«

Die meisten Menschen sind zurückhaltend und freuen sich, wenn Sie die Initiative übernehmen. Dann gehen sie gerne auf ein Gespräch ein. Es kann aber auch sein, dass Sie auf mundfaule, arrogante oder desinteressierte Zeitgenossen stoßen. Lassen Sie sich davon nicht verunsichern. Anstatt gekränkt zu sein oder sich abgelehnt zu fühlen, sagen Sie sich: »Das ist nicht mein Problem« oder »Schade, diese Person hat ein nettes Gespräch mit mir verpasst.« Bemühen Sie sich in dem Fall nicht länger um Kontakt. Wechseln Sie lieber zu GesprächspartnerInnen, die Sie zu schätzen wissen.

Vermitteln Sie Ihren Wert

Popstar Madonna und Oscar-Gewinnerin Gwyneth Paltrow trafen sich auf einem Event. Madonna beklagte sich, dass ihr weit weniger berühmter Ehemann es übertrieben gefunden hatte, mit Rolls-Royce und Bodyguard-Eskorte vorzufahren. Daraufhin tröstete Gwyneth sie verständnisvoll: »Er muss eben noch viel lernen.« Tatsache ist, dass wir uns von Stars in puncto Selbstdarstellung einiges abschauen können. Sie glauben, für sie sei das Beste gerade gut genug, und haben keine Hemmungen, sich darzustellen. Das ist eindeutig das Kontrastprogramm zu dem, was wir Frauen von Kindesbeinen an gelernt haben: Uns zurückzuhalten und nur ja nicht anzugeben. Natürlich geht es bei uns »normalen« Frauen weniger darum, mit Grandezza über den roten Teppich zu schreiten und uns ins Blitzlichtgewitter zu drängen. Doch auch wir sollten uns darum bemühen, mehr positive Aufmerksamkeit zu erzeugen. Das bekommt unserem Selbstwertgefühl, unseren Beziehungen und unserer Karriere ausgesprochen gut.

Erkennen Sie Ihre Leistung an

Oft genug tun wir unsere Arbeit und registrieren dabei kaum, wie tüchtig und erfolgreich wir sind. Vielleicht kennen Sie das: Jemand lobt Sie für eine Leistung und Sie wiegeln ab: »Ach, da habe ich doch nur Glück gehabt.« Oder: »Ich war eben zur richtigen Zeit am richtigen Ort.« Nein, es war weder Glück noch Zufall, es ist Ihr Verdienst! Sie haben zugegriffen, als sich die Chance bot. Sie haben das Richtige getan, um sie zu nutzen. Es wird Zeit, dass Ihnen klar wird, wie großartig Sie sind. Versuchen Sie es doch einmal so: Schreiben Sie eine »Ich-bin-gut-Liste«. Notieren Sie darauf alles, was Sie bisher in Ihrem Leben geschafft haben, vom Führerschein bis zum Computerkurs. Dann halten Sie fest, was Sie gut können, sämtliche großen und kleinen Dinge. Falls Sie eine Weile grübeln müssen, bis Ihnen dazu etwas einfällt, trösten Sie sich. Das geht vielen von uns so. In Seminaren habe ich die Teilnehmerinnen gebeten, wenigstens fünf persönliche Aktivposten aufzuschreiben. Es gab tatsächlich tüchtige Frauen, die schon bei dieser geringen Anzahl lange überlegten. Resignieren Sie nicht, wenn es nicht gleich sprudelt. Wie bei einer Ölquelle müssen Sie halt ein bisschen graben, bis die Produktion in Gang kommt – doch dann hoffentlich mit Macht. Lesen Sie anschließend Ihre Liste mehrmals durch und lassen Sie dabei Ihre Qualitäten auf sich wirken. Vom eigenen Wert überzeugt zu sein, reicht allerdings nicht aus. Sie müssen auch wissen, wie Sie ihn vermitteln. Klappern gehört nicht nur zum Handwerk, es ist auch selbst eines. Hier sind die Regeln einer starken Selbstdarstellung:

Weisen Sie auf Ihre Leistung hin

Wenn Sie sich richtig Mühe geben, wird man irgendwann schon auf Sie aufmerksam und schenkt Ihnen die fällige Anerkennung. Glauben Sie das? Dann befinden Sie sich in bester Gesellschaft.

Es gibt wohl kaum eine Frau, die nicht irgendwann so gedacht hat. Bis sie schließlich merkte: »Da kann ich lange warten ...«

Britta, 52, Redakteurin eines Lifestyle-Magazins, weiß davon ein Lied zu singen. Sie hat kommissarisch die Leitung einer Redaktion übernommen, deren Chef unerwartet gekündigt hat. Sie sieht das als Chance, sich für den Posten als Chefredakteurin zu qualifizieren. Entsprechend engagiert sie sich hundertfünfzigprozentig, entwirft ein großartiges neues Konzept, verzichtet sogar auf ihren Jahresurlaub. Nur eines vergisst sie: Dem Verleger von ihren Aktivitäten zu berichten. Sie verhält sich angepasst und unauffällig, weil sie meint, ein dominantes Auftreten würde ein schlechtes Licht auf sie werfen. Ein paar Monate später bedankt sich der Verleger für ihre Arbeit und teilt ihr mit, dass man den Posten nun mit einem männlichen Bewerber besetzt habe.

Werben Sie für sich. Schreiben Sie Memos über Ihre Ergebnisse. Lassen Sie Ihre Vorgesetzten wissen, woran Sie gerade arbeiten und wie weit Sie damit sind. Scheuen Sie sich nicht, auch privat darauf hinzuweisen, was Sie für Ihre Familie oder Freunde tun.

Verbergen Sie Ihre Selbstzweifel

Kürzlich hörte ich von einem Motivationstrainer den Spruch: »Der Zweifel ist ein Feind des Siegers.« Der Ansicht bin ich nicht. Oft sind Zweifel sinnvoll. Das bedeutet aber nicht, dass wir sie auch anderen mitteilen müssen.

Susanne ist Heilpraktikerin und hat sich auf Homöopathie spezialisiert. Sie hat zahlreiche Fortbildungen gemacht und versteht eine Menge von ihrem Fachgebiet. Trotzdem vermittelt sie ihren Patienten den Eindruck, sie sei noch Anfängerin. Während die ihre Beschwerden schildern, denkt Susanne laut nach: »Welches Mittel könnte ich denn da geben? Vielleicht dies ... oder doch eher das ...?« Kein Wunder, dass man den Eindruck gewinnt, sie wüsste nicht genau, was zu tun ist.

Sofern Ihre Zweifel berechtigt sind, sprechen sie für einen kritischen Geist und Gewissenhaftigkeit. Nutzen Sie sie, um sich ausreichende Kenntnisse zu verschaffen. Aber behalten Sie Ihre Bedenken für sich. Sie irritieren sonst diejenigen, die an Sie glauben, und zeichnen unnötig ein unsicheres Bild von sich.

Stellen Sie Ansprüche

»Was nichts kostet, ist nichts«, sagt ein Sprichwort. Und wer nichts verlangt, wird geringer eingeschätzt. Das gilt besonders im Beruf. Was darf es denn für Sie sein: Das Büro in der Größe einer Gefängniszelle oder ein geräumiger Arbeitsplatz? Eine Bahnfahrt erster oder zweiter Klasse? Auf Dienstreisen eine einfache Pension oder Sterneunterkunft? Ein weit entfernter Parkplatz für Ihr Auto oder einer direkt vor dem Eingang? Sagen Sie bitte nicht, Sie seien über solche Äußerlichkeiten erhaben, schließlich komme es auf die gute Arbeit an. Wenn Sie keine Ansprüche stellen, schätzt man Sie entsprechend als unwichtig ein.

Das musste ich selbst im Laufe der Jahre mühsam lernen. Bescheidenheit war lange mein zweiter Vorname. Ich fand es unangenehm, wichtig auf Privilegien zu pochen. Bis zu dem Abend, an dem selbst mir klar wurde, dass die Bescheidenheit zu weit ging. Zu einem Vortrag, der am nächsten Morgen stattfinden sollte, reiste ich am Vorabend gegen 22 Uhr an. Die Veranstalter hatten für mich in einem Hotel gebucht. An der Rezeption gab man mir den Schlüssel zu meinem Zimmer. Zimmer? Eine Abstellkammer! Keine Dusche, nur ein Waschbecken. Durch das Oberlicht schien mir der Vollmond ins Gesicht, von der Decke baumelte eine funzelige Lampe. Auf meine Nachfrage – immerhin! – bedauerte man, ein anderes Zimmer sei nicht frei. Ich stand die

Nacht tapfer durch. Als die Taxifahrerin, die mich am nächsten Morgen zum Veranstaltungsort brachte, fragte, wie ich denn mit dem Hotel zufrieden sei, erzählte ich ihr von meiner Erfahrung. Spontan sagte sie: »Also, da hätte ich keine Minute verbracht!« Die Lektion habe ich gelernt.

Falls es die Verhältnisse erlauben, sollten Sie immer die bessere Variante fordern, um zu zeigen, wie Sie sich einschätzen, erstklassig oder zweitklassig.

Machen Sie sich bekannt

Warten Sie nicht darauf, dass Sie beim Stehempfang in einer Ecke des Saales oder bei der Fortbildung in der letzten Reihe entdeckt werden. Sorgen Sie dafür, dass so viele interessante und wichtige Leute wie möglich wissen, dass es Sie gibt. Dazu müssen Sie sich zunächst vorstellen. Bremsen Sie sich nicht gleich aus, indem Sie denken: »Das wird bestimmt als aufdringlich empfunden.« oder »Wahrscheinlich störe ich gerade.« Gehen Sie auf die jeweilige Person zu und sagen Sie etwa: »Hallo, ich habe schon so viel Gutes von Ihnen gehört und möchte gern einmal persönlich Ihre Bekanntschaft machen.«

Sie wissen nun, wie Sie wirkungsvoll »klappern« können. Auch wenn sich alles in Ihnen dagegen sträubt, sich derart in den Vordergrund zu spielen, tun Sie es. Das fällt Ihnen nur deshalb so schwer, weil Sie als Frau auf »Eigenlob stinkt« konditioniert sind. Es hilft nichts, da müssen Sie durch. Ich verspreche Ihnen, wenn Sie die ersten Früchte ernten, wird Ihnen die Werbung in eigener Sache viel Spaß machen.

Treten Sie ins Rampenlicht

Nachdem Sie sich ausführlich um ein sicheres Auftreten im Alltag gekümmert haben, geht es nun um Situationen, in denen Sie auf dem Präsentierteller stehen. Man erwartet von Ihnen, dass Sie ...

- eine kleine oder große Rede halten.
- jemanden öffentlich begrüßen, verabschieden, ehren.
- einen Vortrag, eine Präsentation oder ein Referat halten.
- vor einer interessierten Gruppe über ein Thema sprechen, etwa vor KollegInnen oder beim Elternabend.
- an einer Podiumsdiskussion teilnehmen.
- ein Interview geben.

Sagen Sie bitte nicht gleich: »Nein, das kann ich nicht. So etwas liegt mir nicht.« Es wird Zeit, dass wir Frauen uns trauen, aufs Podium zu steigen. Zum Glück werden es immer mehr. So hat mich diese Aktion begeistert: Dr. Kerstin Westphalen, Chefärztin an den DRK Kliniken in Berlin, hat bewusst die Präsidentschaft eines Röntgenkongresses übernommen, um mehr Frauen ans Rednerpult zu bringen. Ihr Ziel ist es, für die Referate einen Frauenanteil von 35 Prozent zu erreichen. Zur Vorbereitung hat sie ein Mentoringprogramm initiiert, mit dem interessierte Kolleginnen Know-how für einen souveränen Auftritt erhalten.

Erkundigen Sie sich ebenfalls, was in Ihrem Umfeld an Fortbildung geboten wird. Und falls Sie bei privaten Anlässen nicht wissen, was Sie sagen sollen: Im Internet gibt es viele gute Tipps, was man zu speziellen Gelegenheiten sagen kann, etwa bei einem runden Geburtstag oder einer Hochzeit. Also nur Mut! Wenn man Sie bittet, sagen Sie zu.

Die besten Methoden gegen Lampenfieber

Das größte Hindernis, sich ins Rampenlicht zu stellen, ist die Angst zu versagen. Sie kann so heftig sein, dass der ganze Körper davon betroffen ist. Das Herz klopft, Hände und Knie zittern, man rennt ständig zur Toilette, Panik macht sich breit, Weglaufen wird zur Option. Doch dieser Angst kann man entgegenwirken.

Rücken Sie die Botschaft in den Mittelpunkt

Lampenfieber hat viel mit dem eigenen Ego zu tun. »Werde *ich* gut genug sein?«, »Wird man *mich* mögen?«, »Wirke *ich* sympathisch, souverän, klug?«

Sagen Sie sich: »Viel wichtiger als meine Person ist der Inhalt, den ich vermitteln möchte.« Betrachten Sie sich als Überbringerin und konzentrieren Sie sich nur darauf. Sie werden merken, dass Ihnen das den Druck nimmt.

Finden Sie ein beruhigendes Mantra

Vermutlich werden Ihnen vorab Gedanken durch den Kopf schießen wie »Was, wenn nicht gut ankommt, was ich sage?« oder »Ich werde mich unsterblich blamieren.« Für solche Fälle hilft es, einen beruhigenden Satz in petto zu haben, mit dem Sie Ihren Selbstzweifeln Kontra geben. Etwa so: »Ich gebe mein Bestes.«, »Ich bin gut vorbereitet.«, »Ich habe etwas zu sagen.«, »Andere kochen auch nur mit Wasser.«

Lassen Sie Ihre Muskeln spielen

Der amerikanische Arzt Edmund Jacobson hat die Methode der Progressiven Muskelentspannung entwickelt. Durch abwechselndes An- und Entspannen einzelner Muskelgruppen lässt sich innere Ruhe erreichen. Spannen Sie dazu für fünf bis zehn Sekunden zunächst Ihre Gesichtsmuskeln an und lassen Sie dann wieder locker. Machen Sie dasselbe dann jeweils mit den Armen, dem Bauch, den Oberschenkeln und den Waden. Führen Sie diese Übung von Kopf bis Fuß mehrfach hintereinander durch.

Akzeptieren Sie Ihre Aufregung

Vielleicht ist es Ihnen peinlich, dass Ihr Publikum mitbekommt, wie unsicher Sie sind. In diesem Punkt möchte ich Entwarnung geben. Mit Lampenfieber verhält es sich ähnlich wie mit einem Pickel auf der Nase: Für einen selbst hat er die Dimension eines Maulwurfhügels, die anderen bemerken ihn nicht einmal. In Rhetorikkursen werden oft Videoaufnahmen gemacht, während die Teilnehmerinnen einzeln ihren Auftritt absolvieren. Wenn sich die Frauen hinterher das Ergebnis anschauen, stellen sie oft erstaunt fest, dass man ihnen die Aufregung, unter der sie gelitten haben, überhaupt nicht ansieht. Falls Sie also nicht gerade vor Angst schlottern, gehen Sie einfach über Ihr Lampenfieber hinweg. Ihre Stimme wackelt ein bisschen, Ihre Hand zittert leicht – na und? Das sind nur kleine Anlaufschwierigkeiten, die das Publikum meist gar nicht registriert. Wenn Sie dagegen heftig mit Aufregung zu kämpfen haben und sich deshalb genieren, gibt es einen guten Trick: Geben Sie es einfach zu. Sagen Sie zum Beispiel: »Ich bin es nicht gewöhnt, eine Rede zu halten, und bin etwas nervös.« Indem Sie nicht länger dagegen ankämpfen, verschwindet die Angst. Dabei wirkt ein ähnlich paradoxes Prinzip wie beim Erröten: Sobald es einem nichts mehr ausmacht, wird man nicht länger rot. Außerdem verschafft Ihnen Ihre Offenheit die Sympathie des Publikums. Schließlich kennt jeder selbst

Lampenfieber in mehr oder minder großem Ausmaß und kann sich in Ihre Lage einfühlen.

Präparieren Sie sich für den schlimmsten Fall

Wirklich bedrohlich ist etwas nur dann, wenn Sie nicht wissen, wie Sie damit umgehen sollen. Sobald Sie eine Alternative haben, verliert der Schrecken seine Macht. Überlegen Sie deshalb, was Sie tun werden, wenn Ihr Auftritt tatsächlich ein Fiasko wird: Was ist das Schlimmste, das Ihnen passieren kann? Zum Beispiel: »Ich bekomme kein Wort heraus.«, »Ich habe einen totalen Blackout.«, »Man stellt mir Fragen, die ich nicht beantworten kann.« Fragen Sie sich: »Und was tue ich dann?« Entwickeln Sie vorab eine Strategie, wie Sie darauf reagieren würden. Wo Sie nicht direkt Einfluss nehmen können, überlegen Sie zumindest, was Sie danach wieder aufbauen wird. Sie könnten sich etwa von Ihrem Partner, Ihren Kindern, Ihren Freundinnen trösten lassen und sich sagen: »Es war mutig von mir, dass ich es versucht habe.« Oder: »Ich lerne aus dieser Erfahrung, wie ich es das nächste Mal besser mache.« Auf diese Weise bringen Sie sich vom Versagensmodus in den Aktivmodus.

Auch Profis erleben Pech und Pannen

Vielleicht tröstet es Sie, dass auch bei Frauen, die Auftritte gewohnt sind, nicht immer alles glattgeht. Dafür bin ich das lebende Beispiel:

Es ist ein kalter, nasser Novemberabend. Nach sieben Stunden Bahnfahrt stehe ich mutterseelenallein im Dunkeln auf einem einsamen Bahnhof in Süddeutschland. Von der Veranstalterin, die mich zu einer Lesung abholen soll, ist weit und breit nichts zu sehen. Ich harre einige Minuten vor Kälte schlotternd auf dem Bahnsteig aus, bis schließlich mein Handy klingelt. Eine aufgeregte Stimme fragt, wo ich denn bleibe. Und dann stellt sich heraus: Ich befinde mich pünktlich vierhundert Kilometer von der Stadt entfernt, in der ich erwartet werde, in einem Ort gleichen Namens. Dumm gelaufen. Merke: Falls Sie für Ihren Auftritt in eine fremde Stadt reisen müssen, achten Sie unbedingt auf die Postleitzahl. Es gibt nämlich wesentlich mehr gleichnamige Orte, als man denkt.

Eine mir bekannte Autorin war zwar zur richtigen Zeit am richtigen Ort – nur leider einen Monat zu früh. Eine andere musste mit ihrem Publikum während einer Nachmittagsveranstaltung fluchtartig den Saal verlassen, weil vor dem Fenster Bauarbeiten mit Presslufthämmern begannen. Ich bin sicher, viele versierte Referentinnen könnten ganze Bücher über Pech und Pannen schreiben. Das soll Sie jedoch nicht abhalten, sondern nur aufmerksam machen. Die Chancen für Ihren erfolgreichen Auftritt stehen 99 zu 1.

Vom Schein zum Sein

Sie sind gerade nicht bester Laune? Nehmen Sie einen Bleistift quer zwischen die Zähne, sodass Ihre Mundwinkel wie bei einem Lächeln nach oben gezogen werden. Wenn Sie diese Position eine Weile halten, dürfte sich Ihre Stimmung von selbst aufhellen. Das jedenfalls belegt das psychologische Experiment von Fritz Strack, Leonard L. Martin und Sabine Stepper. Sie teilten ihre Versuchspersonen in zwei Gruppen ein. Die eine hielt einen Bleistift im Mund, die andere nicht. Beide sahen sich dabei einen Comic an. Diejenigen mit dem Stift im Mund fanden ihn eindeutig lustiger. Das als »Facial-Feedback-Hypothese« bezeichnete Ergebnis besagt, dass ein positiver Gesichtsausdruck das Gefühl beeinflusst. Unser Gehirn registriert: »Aha, die Muskeln sind für ein Lächeln aktiviert. Lächeln bedeutet gute Laune, also schalte ich jetzt die Gefühle passend ein.«

Die Bleistift-Studie ist ein typischer Fall von Vortäuschen falscher Tatsachen, schließlich ist das Lächeln unecht. Sie belegt aber auch, dass sich durch ein künstliches Verhalten im Inneren etwas verändert. Hält man es lange genug durch, wird es zur Realität. Genau das besagt das Sprichwort »Vom Schein zum Sein«, im Englischen bekannt als »Fake it till you make it«. Sie möchten gerne auf andere souverän wirken, stellen aber fest, dass Ihnen dazu noch einiges fehlt? Dann kann Ihnen die vom Schein-zum-Sein-Methode helfen, die mangelnden Fähigkeiten zu erwerben:

Wie wollen Sie sein?

Überlegen Sie, wo Sie einen Mangel an Souveränität verspüren. Wovon möchten Sie mehr haben? Vielleicht wünschen Sie sich mehr Gelassenheit, mehr Freundlichkeit, mehr Autorität. Oder Sie möchten dominanten Menschen selbstbewusster Paroli bieten, sich eleganter anziehen, lockerer plaudern.

Ihr Wunsch ist Ihr Ausgangspunkt.

Suchen Sie sich ein Vorbild

Für die gewünschte Eigenschaft oder Fähigkeit benötigen Sie ein Modell, das Ihnen Anschauungsunterricht gibt. Wer zeigt bereits, was Sie gerne hätten? Das kann jemand aus Ihrer Umgebung sein, aber auch eine prominente Persönlichkeit. Studieren Sie das Verhalten Ihres Vorbildes gründlich. Wie fängt die

Society-Lady ein Gespräch mit Unbekannten an? Wie formuliert Ihre beliebte Kollegin eine Ablehnung? Wie geht Ihre gelassene Verwandte mit kritischen Situationen um? Wie kombiniert Ihre gut gekleidete Freundin ihr Outfit? Machen Sie sich dazu Notizen.

Feilen Sie an Ihrem Auftritt

Sie müssen Ihr Vorbild nicht eins zu eins nachahmen. Schließlich sind Sie ein Original und keine Kopie. Ändern Sie das Verhalten so ab, dass es für Sie passt. Überlegen Sie, in welcher Situation Sie es anwenden wollen, und üben Sie es in Ihrer Fantasie ein. Achten Sie dabei auf alle Details, von der Körpersprache bis zu Ihren Worten.

Probieren Sie es aus

Jetzt wird es ernst. Verhalten Sie sich so, als ob Sie diese Eigenschaft schon in vollem Umfang besäßen. Wie eine gute Schauspielerin spielen Sie die Rolle, die Sie sich ausgesucht haben. Doch ich möchte Sie vorwarnen: Ihr Auftritt wird Ihnen künstlich und vielleicht sogar falsch vorkommen. Sie werden das Gefühl haben, dass Ihnen jeder anmerkt, dass Sie eine Mogelpackung sind. Aber keine Sorge, das ist nur Ihre eigene Empfindung. Die anderen nehmen meist für bare Münze, was sie sehen. Falls Sie jedoch sehr unsicher sind, wie Ihre veränderte Darstellung wirkt, können Sie auch gute Freunde um Feedback bitten.

Bleiben Sie dabei

Üben Sie Ihr optimales Auftreten immer wieder. Lassen Sie sich von Rückschlägen, die garantiert auch kommen, nicht beirren. Machen Sie konsequent weiter. Ich verspreche Ihnen: Sie werden darin immer sicherer. Wie schnell, hängt von Ihrer Disziplin und der Regelmäßigkeit ab, in der Sie das Verhalten zeigen. Jedenfalls ist es eines Tages kein Fake mehr, sondern es wird zu Ihrer zweiten Natur. Sie tun nicht mehr souverän, Sie sind es!

VI. TEIL:
KLAR GRENZEN SETZEN

Die Chefredakteurin einer großen Frauenzeitschrift, für die ich seinerzeit tätig war, war nicht nur kreativ, sondern konnte sich auch prima durchsetzen. In Konferenzen bewunderte ich, wie direkt sie ihre Meinung vertrat und deutlich sagte, was ihr nicht passte. Sogar die Herren vom Vorstand des Verlages hatten vor ihr Respekt. Ihr Geheimnis: Sie war mit vier Brüdern aufgewachsen. Da lernt man, sich zu behaupten.

Leider hatten die meisten von uns kein solches natürliches Training. Vielmehr haben wir gelernt, uns anzupassen. Wir möchten, dass es allen gut geht, und wollen niemanden verletzen. Wir haben viel Verständnis für menschliche Schwächen, oft genug auf unsere Kosten. Diese Haltung ist so verbreitet, dass sie es sogar zu einer trendigen Bezeichnung gebracht hat: Kürzlich fragte ein Magazin bei mir an, ob ich etwas zum Thema »People Pleasing« sagen könnte. Was frei übersetzt so viel heißt wie »Menschen übermäßig gefällig sein«. Bevor es aber dazu kommt, dass Sie am Ende Ihrer Tage sagen müssen: »Mein Leben hat allen gefallen, nur mir nicht«, sollten Sie unbedingt lernen, sich klar für sich einzusetzen. Dazu gehört es, schwierigen Menschen Paroli zu bieten, die eigenen Interessen gegen Forderungen anderer zu verteidigen und mit Aggressionen oder Kränkungen souverän umzugehen, statt ein Opfer zu sein. Was Sie dazu benötigen, ist ein praktischer Werkzeugkasten, aus dem Sie sich nach Bedarf bedienen können. Den möchte ich Ihnen gerne geben. Doch zunächst einmal sollten Sie prüfen, wie dringend Sie ihn brauchen.

Check: Sind Sie zu nett?

Um gleich einem Missverständnis vorzubeugen: Ich bin eine große Vertreterin von Freundlichkeit. Schließlich habe ich nicht ohne Grund ein Buch mit dem Titel ›Die Kraft der Wertschätzung‹ geschrieben. Freundlichkeit, Hilfsbereitschaft und Verständnis sind wunderbare Eigenschaften. Aber zu viel davon ist gefährlich, die Dosis macht auch hier das Gift. Wenn Sie immer nur das »liebe Mädchen« sind, dann nutzt man Sie aus und hat wenig Respekt vor Ihnen. Prüfen Sie deshalb, ob Sie vielleicht zu nett sind. Je mehr der folgenden Aussagen Sie bejahen, desto gefährdeter sind Sie. Wohlgemerkt, ein oder zwei Ja-Antworten oder gelegentliches Verhalten sind zwar harmlos, sollten aber schon zum Nachdenken anregen:

Sie helfen, ohne darum gebeten worden zu sein

Jedes Seufzen und Klagen bedeutet für Sie einen Appell, einzugreifen. Sie können einfach nicht mitansehen, wie sich jemand abmüht. Schon bieten Sie an: »Soll ich das für dich machen?« Oder Sie sagen: »Gib schon her, ich erledige das schnell.«

Sie entschuldigen schlechtes Benehmen

Wenn Sie jemand anschreit, ignoriert oder warten lässt, sind Sie gleich mit einer beschwichtigenden Erklärung zur Hand. »Sie ist halt gerade im Stress« oder »Er hat das von zu Hause nicht gelernt«. Und der Freifahrtschein für sämtliches negative Verhalten lautet: »Er oder sie hatte eine schwere Kindheit.«

Sie lächeln tapfer

Sie möchten nicht, dass Ihr Gegenüber merkt, wie gekränkt oder verletzt Sie sind, weil Sie fürchten, ausgelacht zu werden. Oder Sie halten ein Pokerface für professionell. Deshalb verbergen Sie Ihre Betroffenheit und lassen den anderen mit seinem Verhalten davonkommen.

Sie buhlen um Sympathie

Sie möchten überall beliebt sein. Also geben Sie im Restaurant dem unfreundlichen Kellner ein üppiges Trinkgeld. Sie machen unsympathischen Menschen Komplimente, um ihr Wohlwollen zu erringen.

Sie stellen Ihr Licht unter den Scheffel, damit sich niemand unterlegen fühlt.

Sie entschuldigen und verteidigen sich

Anstatt sich die Kritik an Ihnen erst einmal erläutern zu lassen und dann zu entscheiden, ob Sie sie annehmen wollen, reagieren Sie sofort und verteidigen sich: »Ich hatte viel zu wenig Zeit zur Vorbereitung.«, »Tut mir leid, das habe ich nicht gewusst.« Oder Sie entschuldigen sich wortreich für Ihren vermeintlichen Fehler.

Sie reagieren auf Vorwürfe mit Schuldgefühlen

Eine traurige oder ärgerliche Frage von Menschen aus Ihrem näheren Umfeld setzt Sie unter Druck: »Wieso bist du ohne mich gegangen?«, »Warum hast du mir denn nichts gesagt?« Ebenso trifft Sie ein Vorwurf wie: »Nie hast du Zeit für mich.« Schon haben Sie ein schlechtes Gewissen.

Sie springen, sobald jemand etwas von Ihnen will

Der Kollege fragt: »Kannst du das für mich fertig machen?« Klar, das erledigen Sie und lassen dafür Ihre eigenen Aufgaben liegen. Eine Anfrage kommt per E-Mail. Sie ist zwar nicht besonders dringlich, aber Sie beantworten sie umgehend, obwohl Sie anderweitig beschäftigt sind. Eine Freundin möchte Ihren Rat beim Kleiderkauf. Obwohl Sie wenig Zeit haben, begleiten Sie sie in die Boutique.

Sie machen gute Miene zum bösen Spiel

Jemand macht einen sexistischen oder rassistischen Witz, verbreitet Klatsch oder vertritt eine verquere Meinung. Sie lachen gezwungen oder signalisieren Zustimmung. Anschließend beschwichtigen Sie sich selbst: »Es lohnt sich nicht, deswegen einen Aufstand zu machen.«

Sie schlucken Ihren Ärger herunter

Weil Sie die Harmonie nicht gefährden wollen, verbergen Sie, dass Sie sauer sind. Auf die irritierte Frage Ihres Gegenübers »Sag mal, hast du etwas?«, antworten Sie schnippisch: »Nein, was sollte ich denn haben?« Vielleicht nehmen Sie es sich auch übel, überhaupt so ein »negatives« Gefühl zu haben, und verbuchen unter Selbstdisziplin, es zu unterdrücken.

Sie lassen sich zu schnell besänftigen

Jemand behandelt Sie nach dem Motto »Zuckerbrot und Peitsche«. Mal macht er Sie fertig, mal ist er reizend und charmant. Sobald die Person wieder lieb zu Ihnen ist, schmelzen Sie dahin und alles ist vergeben und vergessen.

Sie haben die meisten Aussagen bejahen müssen? Machen Sie sich bewusst, dass Sie über Wohlverhalten niemals Liebe erreichen. Nehmen Sie sich selbst genauso wichtig wie andere. Im Detail bedeutet das: Helfen Sie nicht automatisch, sondern überlegen Sie, ob Sie das wirklich möchten. Zumindest sollte man Sie um etwas bitten, bevor Sie sich entscheiden. Erkennen Sie schlechtes Benehmen als Respektlosigkeit, verwahren Sie sich dagegen und entschuldigen Sie es nicht. Wenn jemand um Verzeihung bitten sollte, dann die unhöfliche Person. Und Ihr gutes Herz in allen Ehren, aber lassen Sie sich nicht manipulieren. Besonders nicht, wenn jemand genau weiß, welches Knöpfchen er bei Ihnen drücken muss. Prüfen Sie Kritik, bevor Sie reagieren. Ist sie berechtigt? Dafür dürfen Sie sich gerne Zeit nehmen. Sagen Sie: »Vielen Dank für Ihre Meinung, ich werde darüber nachdenken.« Das Ergebnis teilen Sie dann später mit – oder auch nicht. Springen Sie auch nicht gleich, wenn jemand pfeift. Überlegen Sie: Ist das wirklich so dringend und eilig? Ist es wichtig für Sie? Wenn nicht, dann kümmern Sie sich zuerst um Ihre eigenen Aufgaben. Buhlen Sie nicht länger um unfreundliche Leute. »Wie du mir, so ich dir« ist oft gut für die Selbstachtung. Auf einen groben Klotz gehört manchmal ein grober Keil. Lassen Sie andere überdies ruhig wissen, was sie angerichtet haben. Sie müssen dazu nicht weinend zusammenbrechen, das kann auch sachlich geschehen: »Ihre Worte haben mich gekränkt.« Drücken Sie berechtigten Ärger aus. Wenn Sie ihn herunterschlucken, schlägt er Ihnen auf den Magen und macht Sie auf die Dauer krank. Beweisen Sie Zivilcourage. Einer rassistischen Einstellung, sexistischen Aussagen und verqueren Meinungen sollten Sie Paroli bieten, sonst fühlt sich Ihr Gegenüber am Ende noch bestätigt.

Ich hoffe, ich habe Sie dafür sensibilisiert, dass Sie nicht länger zu nett sein sollten. Wobei ich noch einmal betonen möchte, dass es nicht um Friedfertigkeit und Verständnis geht, sondern um übergroße Anpassung. In dem Fall ist die Ursache zu wenig Selbstwertgefühl und Selbstbewusstsein. Daran zu arbeiten, lohnt sich. Am besten fangen Sie gleich damit an.

Vertreiben Sie Energievampire

»Energievampir« klingt böse, aber der Begriff beschreibt gut, was bei einer Begegnung mit manchen Menschen vor sich geht. Vampire nähren sich von Blut, Energievampire nähren sich von der Energie ihres Gegenübers. Im Kontakt saugen Sie Ihnen Ihren Schwung, Ihre Freude, Ihren Mut und Ihre Hoffnung ab. Ob Sie einem Energievampir in die Hände gefallen sind, spüren Sie am deutlichsten nach der Begegnung. Da fühlen Sie sich plötzlich niedergedrückt, pessimistisch oder leer, obwohl es Ihnen vorher gut ging.

Doch vorab zum Verständnis, Energievampire sind keine schlechten Menschen. Sie wünschen sich wie wir alle, wahrgenommen und anerkannt zu werden. Nur setzen sie dazu unbewusst eine ungünstige Kommunikation ein. Statt an sich selbst zu arbeiten und etwa selbstsicher, attraktiv oder interessant zu werden, hängen sie in einem negativen Kommunikationsstil fest und erreichen damit das Gegenteil. Doch auch wenn Sie dafür Verständnis haben, geht das Verhalten dennoch auf Ihre Kosten. Es ist völlig legitim, sich vor diesem Einfluss zu schützen. Deshalb stelle ich Ihnen hier die häufigsten Energievampire vor und zeige Ihnen, wie Sie damit umgehen können.

Der Jammerlappen/Die Jammerliese

Sie heulen Ihnen die Ohren voll. Die Arbeit ist so stressig, sie stehen kurz vor dem Burn-out. Der Reinigungsdienst macht das Treppenhaus nicht richtig sauber. Und überhaupt, alles wird teurer und jetzt will die Bank auch noch Strafzinsen kassieren. Von der desolaten Regierung, die nichts in den Griff bekommt, ganz zu schweigen. Kurz und gut, das Leben ist ein Jammertal. Es ist ziemlich egal, wem sie ihr Leid klagen. Hauptsache, jemand hört zu. Und das sind gerade Sie.

Das können Sie tun: Jammern Sie auf keinen Fall mit, nach dem Motto: »Ach ja, mir geht es auch so schlecht.« Dann sind Sie in Nullkommanichts gemeinsam in einem hoffnungslosen Zustand. Stimmen Sie auch nicht zu und bestärken Sie die Jammernden nicht. Sagen Sie höchstens zu ihren persönlichen Problemen: »Das tut mir leid.«

Der Nörgler/Die Nörglerin

Nörgelnde Menschen finden immer das Haar in der Suppe. Ihnen hat der Film gefallen? Na ja, aber der Schluss war doch völlig daneben. So brillant war der Vortrag nun auch wieder nicht, die Rednerin hätte auf diesen oder jenen Punkt stärker eingehen müssen. Das Essen in dem neuen Lokal ist zwar gut, aber die Deko ist völlig stillos. Ihr Outfit hätte Ihnen in einer anderen Farbe besser gestanden. Die Folge ist, dass Sie im Zusammensein mit Nörgelnden an allem die Freude verlieren.

Das können Sie tun: Machen Sie sich klar, dass NörglerInnen mit Ihren Kommentaren Überlegenheit zeigen möchten. Sie glauben, allein zu wissen, was gut und richtig ist und wie es sein soll. Sagen Sie offen: »Verdirb mir bitte nicht den Spaß.«

Oder versichern Sie sich innerlich: »Damit habe ich nichts zu tun.« Falls Sie großzügig sind, bestätigen Sie: »Vielleicht hast du recht«. Dann ist erst einmal Ruhe.

Der Schwarzseher/Die Schwarzseherin

Diese Energievampire sehen immer nur drohende Katastrophen. »Was, du willst allein ausgehen? Pass bloß auf, dass dir keiner K.-o.-Tropfen ins Getränk schüttet. Man hört ja die schlimmsten Sachen.«, »Du willst wirklich in deinem Alter noch die Arbeitsstelle wechseln? Dich nimmt doch keiner mehr.«, »Du bist bei einer Online-Partnerschaftsbörse? Vorsicht, oft melden sich Love-Scammer, die Frauen finanziell ausnehmen.«

Das können Sie tun: Sprechen Sie mit SchwarzseherInnen niemals über Ihre Vorhaben. Sie werden ihre Ängste auf Sie übertragen, Sie damit verunsichern und Ihnen den Mut rauben. Lassen Sie sie lieber von ihren eigenen Plänen erzählen.

Die männliche oder weibliche Klatschbase

Sie steckt ihre Nase überall rein, verbreitet Wahrheiten und Unwahrheiten. »Der soll die nur geheiratet haben, weil sie Geld hat. Von Liebe keine Spur. Der kam mir gleich so berechnend vor.«, »Die Kollegin aus der Nachbarabteilung, die immer so kurze Röcke trägt, die hat bestimmt was mit dem Chef. Neulich haben die schon so intim zusammen gelacht.«

Das können Sie tun: Lassen Sie sich auf keinen Klatsch ein. Sagen Sie offen: »Ehrlich gesagt, das Verhalten anderer Leute interessiert mich nicht.« Oder machen Sie ein Pokerface und sagen Sie nur ein Wort: »Interessant.«

Der Langweiler/ Die Langweilerin

Sie haben kein Gespür dafür, was andere Menschen interessiert. Die abweisende Körpersprache ihres Gegenübers ignorieren sie, so sehr sind sie in ihrer eigenen Geschichte gefangen. Ausführlich erzählen sie Ihnen den Inhalt eines Films oder eines Buches. Oder sie berichten langatmig einen Schwank aus ihrem Leben, wie sie damals mit dem Rucksack durch die Lüneburger Heide gewandert sind.

Das können Sie tun: Wenn Sie es gut mit ihnen meinen, dann fragen Sie, was genau sie an der Sache so begeistert hat. Das kann den faden Ausführungen eventuell etwas Feuer entlocken. Ansonsten verweisen Sie auf Ihren Zeitmangel. »Es tut mir leid, aber ich kann dir jetzt nicht mehr zuhören, ich muss los.« Oder Sie sagen ehrlich: »Sorry, aber das interessiert mich nicht so brennend.«

Der Notrufer/Die Notruferin

Ob liebenswerter Chaot oder hilfloses Mäuschen, NotruferInnen kriegen nichts auf die Reihe und wenden sich dann an Sie: »Kannst du das für mich machen? Ich schaffe das einfach nicht.« Oder sie wollen Ihren ausführlichen Rat. Am Telefon oder beim Treffen berichten sie Ihnen lang und breit von ihrem Problem und erwarten, dass Sie ihnen da heraushelfen. Damit stehlen sie Ihnen Zeit und Kraft für Ihre eigenen Aufgaben.

Das können Sie tun: Nehmen Sie den Auftrag nicht an. Bitten Sie den Notrufer darum, sich an andere zu wenden, die ebenfalls weiterhelfen können. Sie haben leider für sein Problem keine Zeit. Verweisen Sie an Fachleute, die sich damit besser auskennen als Sie, gerne in Verbindung mit einer guten Adresse.

Der/Die Aggressive

Diese Vampire beißen meist nur kurz zu, nehmen Ihnen aber für längere Zeit Energie. Manchmal kennen Sie sie nicht einmal näher, sie lassen nur ihren Frust an Ihnen aus, etwa im Supermarkt an der Kasse oder auf dem Parkplatz. Dann ärgern Sie sich und beschäftigen sich in Gedanken noch eine ganze Weile damit.

Das können Sie tun: Fauchen Sie nicht automatisch zurück. Da steht jemand unter Strom, aber Sie müssen nicht der Blitzableiter sein. Sagen Sie sich mit dem polnischen Sprichwort: »Nicht mein Zirkus, nicht mein Affe.« Falls Sie doch darauf eingestiegen sind, überlegen Sie sich später in Ihrer Fantasie eine bessere Reaktion, etwa eine mit Humor. Das entspannt Sie.

Allgemein zum Umgang mit Energievampiren gilt: Meiden Sie den Kontakt oder halten Sie ihn so kurz wie möglich. Verabschieden Sie sich mit einer eleganten Ausrede. Wenn Ihnen die Person nahesteht, dann hilft vielleicht ein klares Wort, das dem Energievampir die Augen für sein Verhalten öffnet.

Bieten Sie dominanten Menschen Paroli

Jemand behandelt Sie wie ein Kind und sagt Ihnen dauernd, was Sie zu tun und zu lassen haben. Oder er erklärt Ihnen einen Sachverhalt so von oben herab, als ob Sie begriffsstutzig wären. Im Gespräch lässt er Sie nicht ausreden und unterbricht Sie ständig. Dann haben Sie es offenbar mit einem dominanten Menschen zu tun. Es gibt gute Strategien, wie Sie damit umgehen können. Doch zunächst einmal ist wichtig, den Grund für die Dominanz herauszufinden. Sie kann nämlich zwei Ursachen haben, die jeweils ein unterschiedliches Verhalten bedingen:

Im ersten Fall hat jemand von Haus aus viel Energie und ein lebhaftes Temperament. Ihm ist oft gar nicht bewusst, dass er dominant wirkt. Mit ihm gehen einfach die Pferde durch. Dann überrollt er andere mit seinen Ansichten oder seinem Verhalten. Macht man ihm das klar, ist er meist betroffen und einsichtig. Diesen Typ können wir hier vernachlässigen, er meint es schließlich nicht böse und ist hoffentlich lernfähig.

Der zweite Dominanz-Typ dagegen will andere beherrschen. Nicht umsonst kommt das Wort »Dominanz« von dem lateinischen Verb »dominare«, »beherrschen«. Der Grund für die Dominanz solcher Menschen ist – auch wenn es nicht so aussieht – ein tiefsitzendes Minderwertigkeitsgefühl. Da muss jemand ständig beweisen, wie wichtig oder fähig er ist. Er macht Sie klein, um größer zu wirken, will Sie kontrollieren, um sich sicher zu fühlen. Das kann bei Ihnen unterschiedliche Reaktionen auslösen: Sie fühlen sich überfahren und wissen nicht, was Sie sagen sollen. Sie sind wütend, schlucken aber Ihren Ärger herunter, weil Sie kein Aufsehen erregen wollen. Oder Sie reagieren heftig und erkämpfen sich Ihre Position. Doch es gibt bessere Strategien. Dabei geht es insgesamt darum, das Gleichgewicht der Kräfte herzustellen:

Verstummen Sie nicht

Dominante Menschen neigen dazu, Sie mundtot zu machen. Das bringt Sie dazu, sich resigniert zurückzuziehen und zu schweigen. Tun Sie das nicht, bleiben Sie im Spiel. Lassen Sie sich nicht unterbrechen. Sprechen Sie Ihren Satz auf jeden Fall zu Ende. Oder drehen Sie den Spieß um und unterbrechen Sie Ihrerseits einen Monolog. Will Sie eine dominante Person mit vermeintlichem Fachwissen überfahren, stellen Sie kritische Fragen: »Woher wissen Sie das?«

Bieten Sie mit Ihrer Körpersprache Paroli

Bei Dominanz geht es um eine Rangordnung. Die funktioniert nicht nur verbal, sondern auch über die Körpersprache. Sinken Sie nicht in sich zusammen, sondern sitzen oder stehen Sie aufrecht. Schauen Sie nicht weg, halten Sie Blickkontakt. Benutzen Sie selbst dominante Gesten, um die Dominanz zu stoppen, etwa indem Sie mit Ihrer Hand eine imaginäre Grenze ziehen und damit auch optisch signalisieren: »Stopp!«

Reagieren Sie mit Humor

Wenn Sie humorvoll reagieren, wirken Sie überlegen. Sagen Sie zum Beispiel: »Ich bin schon groß und darf selbst entscheiden.«, »Danke, ohne Ihren guten Rat wäre ich verloren.« Falls es sich um ein Familienmitglied handelt: »Mama, ich weiß doch, dass du immer recht hast.« Sie können sich süffisant oder ironisch äußern – aber Vorsicht, das passt nur unter Gleichrangigen, nicht bei Vorgesetzten oder in wichtigen Situationen: »Wow, ich bewundere, wie energisch Sie hier auftreten.« Oder in einem Meeting: »Lieber Kollege Müller, Sie sind ja heute wieder toll in Form.«, »Oh, ich bin beeindruckt, wie gut Sie mir gerade die Welt erklären.«

Oft ist das dominante Verhalten nicht nur nervig, sondern auch kränkend. Sie werden abgefertigt wie eine Bittstellerin. Oder Sie werden vor Publikum zurechtgewiesen. Das müssen Sie sich nicht bieten lassen. Sagen Sie sachlich und ohne Vorwurf: »Ich akzeptiere nicht, dass man so mit mir spricht.« Bitten Sie im Job gegebenenfalls um ein Gespräch unter vier Augen. Wichtig ist, dass Sie sich von der Dominanz Ihres Gegenübers nicht beeindrucken lassen. Bringen Sie sich innerlich in eine überlegene Position, indem Sie sich sagen: »Eine starke Persönlichkeit hat es nicht nötig, sich so extrem durchzusetzen.« Haben Sie Mitgefühl mit diesem Menschen, der es braucht, sich in den Vordergrund zu spielen. Sie werden sehen, dass Sie auf diese Weise geduldiger und verständnisvoller reagieren. Dann geschieht manchmal das Wunder, dass dieser Mensch seine Verletzlichkeit zeigt. Denn die steckt eigentlich dahinter.

Überwinden Sie Kränkungen

Absichtlich oder unabsichtlich werden Sie gedemütigt, übergangen, abgewertet oder arrogant behandelt. Je nach Schweregrad sind Kränkungen keineswegs harmlos. Das besagt schon das Wort selbst. »Kränken« bedeutet »krank machen«. Tatsächlich kann eine Kränkung sogar physische Folgen haben. Die Seele ist betroffen, der Körper reagiert. Auch sonst ist eine Kränkung nicht ungefährlich. Sie ist die Ursache für so manche Katastrophe. Man denke nur an die schrecklichen Amokläufe in Schulen. Ein Jugendlicher, der sich von seinen Mitschülern gekränkt fühlt, taucht mit einer Pumpgun auf und tötet gnadenlos seine vermeintlichen Widersacher. Kränkung trifft immer einen wunden Punkt und wirkt deshalb so nachhaltig. Wie sehr sie im Gedächtnis haften bleibt, können Sie leicht selbst überprüfen. Erinnern Sie sich an Ihre schlimmste Kränkung? Bestimmt. Und wie lange ist das her? Ich bin sicher, Sie erinnern sich auch nach Jahren genau daran. Eine für mich gravierende Kränkung liegt schon über 20 Jahre zurück, aber ich könnte Ihnen bis heute jede Einzelheit erzählen. Solange bei der Erinnerung noch Gefühle hochkommen, ist der Fall nicht abgeschlossen. Das wäre jedoch gut für Ihre seelische Gesundheit und Ihr Selbstbewusstsein.

Man kann lernen, mit einer Kränkung umzugehen. Als Erstes müssen Sie sich eingestehen, dass Sie gekränkt sind. Das ist gar nicht so selbstverständlich. Gekränkt zu sein, passt nämlich nicht gut zu unserem souveränen Selbstbild. Also spielen wir herunter, wie sehr wir uns getroffen fühlen: »Das berührt mich nicht«, »Was kümmert es den Mond, wenn ihn ein Hund anbellt?« Halt, machen Sie sich und anderen nichts vor. Eine Kränkung vor sich selbst zuzugeben, ist der erste Schritt zur Heilung. Leugnen Sie Ihre Gefühle nicht und erheben Sie keinen Anspruch, darüberzustehen. Falls möglich, sprechen Sie die Kränkung an. Unausgesprochenes schwelt heimlich weiter. Wenn Sie die Situation nicht klären, werden Sie immer wieder daran denken. Teilen Sie guten Freunden oder Vertrauten mit, was Ihnen geschehen ist. Das ist meist schon tröstlich, denn Bestätigung tut gut. Noch besser ist es, die Person, die Sie gekränkt hat, zur Rede zu stellen. Das erfordert allerdings viel Mut. Im besten Fall stellt sich heraus, dass die Kränkung unabsichtlich passiert ist. Ihr Gegenüber ist betroffen und entschuldigt sich. Es kann aber auch sein, dass Ihre Offenheit unangemessen aufgenommen wird und in eine weitere Kränkung mündet: »Meine Güte, du bist aber eine Mimose.« Wagen Sie es trotzdem. Es sei denn, Sie wissen von vornherein, dass es nur gegen Sie verwendet wird. Wer ohne Empathie auf Sie reagiert, dem mangelt es an sozialer Intelligenz. Sie aber haben demjenigen souverän aufgezeigt, was sein Verhalten bewirkt hat.

Sinnvoll ist es auch, eine Kränkung nicht nur als Verletzung zu betrachten, sondern als Hinweis darauf, wo bei Ihnen Bedarf zur Veränderung besteht.

Eine Kränkung ist eine sehr persönliche Angelegenheit. Was Sie so stark berührt, lässt einen anderen völlig kalt. Daraus kann man schließen, dass bei Ihnen ein wunder Punkt getroffen wurde. Ihr Schmerz offenbart, dass Sie etwas noch nicht verarbeitet haben. Nehmen Sie die Kränkung als Hinweis darauf. Lassen Sie es sich ein Ansporn sein, an Ihrem Defizit zu arbeiten. Welche Eigenschaften müssen Sie entwickeln, damit Sie so ein Verhalten oder solche Worte nicht mehr berühren? Vielleicht lernen Sie, sich zu wehren, selbstbewusster aufzutreten, Ihren Wert wahrzunehmen oder Ihre Wünsche klar zu äußern. Eleanor Roosevelt, ehemalige amerikanische First Lady, hat gesagt: »Niemand kann dir deinen Selbstwert nehmen, wenn du ihn nicht hergibst.« Keiner kann Sie kränken, wenn Sie sich in Zukunft nicht mehr kränken lassen.

Verteidigen Sie Ihre Grenzen

Jemand, den Sie kaum kennen, stellt Ihnen eine zu persönliche Frage, etwa was Sie verdienen oder warum Sie keine Kinder haben. Ein Kollege rückt Ihnen körperlich zu nahe. Ein Familienmitglied bedient sich an Ihrem Eigentum, ohne zu fragen. Das alles und noch viel mehr sind Überschreitungen Ihrer unsichtbaren Grenzen. In solchen Fällen ist es nötig, dass Sie sich wehren, um sich zu schützen. Eigentlich ist das selbstverständlich. Tatsache ist aber auch, dass es den meisten von uns schwerfällt, sich mit klaren Worten eindeutig abzugrenzen. Die Ursachen dafür liegen wie so oft in der Kindheit. Es gibt viele Gründe, warum Kinder nicht lernen, Grenzen zu setzen. Vielleicht mussten Sie immer lieb und gehorsam sein. Oder Sie mussten sich in einer schwierigen Situation anpassen, weil ein Elternteil krank war oder ein Geschwister sämtliche Aufmerksamkeit auf sich zog. Die Folge ist eine unbewusste, tief sitzende Angst vor Konsequenzen, sobald Sie nicht mehr alles mit sich machen lassen. Die steckt bis heute in Ihnen. Sie fürchten, Sympathie zu verlieren, als schwierig, zickig oder egoistisch zu gelten. Noch schlimmer: Verlassen, bestraft oder entlassen zu werden. Also halten Sie den Mund. Aber es ist wichtig und nötig, dass Sie Ihre persönlichen Grenzen schützen, damit Sie nicht ausgenutzt oder zum Spielball der anderen werden.

Wenn Ihnen als Kind Ihre Gefühle abgesprochen wurden, etwa »Heul nicht, ist doch halb so schlimm« oder »Das bildest du dir nur ein«, dann sind Sie später unsicher, ob Sie nicht vielleicht doch überreagieren, wenn Sie Widerstand leisten. Holen Sie sich in dem Fall Rat oder Verstärkung. Andere sehen oft klarer als Sie selbst, weil sie nicht betroffen sind. Schildern Sie die Situation und fragen Sie: »Was meinst du dazu?« Ist Ihr Gegenüber stellvertretend für Sie empört, kann Ihnen das helfen, mehr Sicherheit zu bekommen.

Ich erinnere mich, dass ich einmal ganz edel mit falsch verstandenem Verständnis über eine Grenzverletzung hinweggegangen war. Eine gute Freundin, der ich das Erlebnis erzählte, sagte erstaunt: »Warst du da nicht wütend? Also, ich wäre stinksauer geworden!« Erst da wurde mir das Ausmaß der Unverschämtheit und mein wahres Gefühl bewusst. Fragen Sie vertraute Menschen, die gut Grenzen setzen können, wie sie Ihr Erlebnis beurteilen.

Vor allem lassen Sie sich Ihre Gefühle nicht ausreden. Etwa wenn jemand Ihre Grenze verletzt und auf Ihre empörte Reaktion hin sagt: »Sei doch nicht so empfindlich.« Oder wenn er abwiegelt: »Das war doch nur Spaß.« Sie haben mit Sicherheit eine feine Wahrnehmung. Die funktioniert über Ihren Körper. Wenn Sie aufgeregt, ärgerlich oder wütend sind, schlägt Ihr

Herz schneller. Sie fangen an zu schwitzen. Sie werden unruhig und fühlen sich unwohl. Nehmen Sie Ihre Gefühle und Körpersignale ernst. Fragen Sie sich: Was empfinde ich? Was will ich? Ziehen Sie Ihre Aufmerksamkeit von der anderen Person ab. Überlegen Sie, was Ihre eigenen Interessen sind. Sie wollen zum Beispiel nicht, dass Ihnen jemand körperlich zu nahe kommt, dass Sie jemand unangemessene Dinge fragt oder unerlaubt im Büro in Ihre Unterlagen schaut. Was auch immer, Sie haben ein Recht darauf, sich dagegen zu wehren. Sagen Sie deutlich, was Sie möchten oder was Ihnen nicht passt. Sie haben ein Recht auf Ihre Grenzen. Dazu gehört auch die Fähigkeit, Nein zu sagen.

Sagen Sie konsequent Nein

Eine Bitte, eine Einladung oder eine Aufforderung abzulehnen, fällt besonders schwer. Sie kennen das sicher auch: Anschließend sind Sie oft unsicher, ob das richtig war: »Bin ich vielleicht zu egoistisch? Habe ich jemanden verletzt?« Vielleicht machen Sie Ihr Nein vor lauter Schuldgefühlen sogar rückgängig. Sagen Sie sich: »Jedes Nein zu anderen ist ein Ja zu mir selbst.« Wenn Sie sich vor Überlastung schützen, indem Sie eine unnötige und ungeliebte Aufgabe ablehnen, oder wenn Sie schlicht und einfach keine Lust dazu haben, dann ist das völlig in Ordnung. Deshalb möchte ich Ihnen den Rücken stärken, zu Ihrem Nein zu stehen:

Gönnen Sie sich Bedenkzeit

Ein Ja kommt meist spontan, ein Nein will überlegt sein. Deshalb entscheiden Sie sich möglichst nie sofort. Haben Sie immer einen Satz parat, mit dem Sie Ihre Entscheidung eine Weile verschieben können: »Da muss ich in meinen Kalender schauen.«, »Das muss ich erst absprechen.«, »Das kann ich noch nicht überblicken, geben Sie mir bitte etwas Zeit«. Sagen Sie, wann Sie sich zurückmelden werden, sei es in einer Stunde oder am nächsten Tag. Für große Anliegen ist es günstig, eine Nacht darüber zu schlafen. Währenddessen klärt sich vieles und Sie wachen mit einem klaren Gefühl auf. Ist es ein Nein, dann halten Sie sich daran.

Bieten Sie eine Alternative an

Ihr Nein muss nicht bedeuten, dass Sie den Betreffenden nicht helfen wollen. Nur sind Sie dafür eben nicht die Richtige. Überlegen Sie, wer ebenso gut geeignet sein könnte. Vielleicht ein Kollege oder eine Kollegin, eine Institution oder eine Beratungsstelle. Informieren Sie sich, wer dafür infrage kommt, und weisen Sie auf diese Möglichkeit hin. Meist sind die Anfragenden damit schon zufrieden. Sie wollen zwar Hilfe, aber nicht unbedingt von Ihnen.

Lassen Sie sich auf keine Diskussion ein

Leider gibt es auch hartnäckige Menschen, die Ihr Nein nicht gelten lassen und versuchen, Sie mit Argumenten zu einem Ja zu überreden. Etwa wenn jemand sagt: »Für mich kannst du doch mal eine Ausnahme machen.« Oder: »Das ist doch für dich keine große Anstrengung.« Lassen Sie sich auf keine Diskussion ein, denn dann haben Sie schon verloren! Halten Sie an Ihrer Position fest. Und so gelingt es Ihnen: Zeigen Sie, dass Sie das Argument der anderen Seite verstehen und als persönliche Meinung akzeptieren. »Ich verstehe, du willst, dass ich eine Ausnahme mache.« Wiederholen Sie dann Ihr Nein. »Aber wie ich schon sagte, möchte ich das nicht übernehmen.« Notfalls machen Sie das mehrfach. Sie werden sehen, dass Sie auf diese Weise unangreifbar sind, egal wie hartnäckig Ihr Gegenüber ist.

Werden Sie nicht rückfällig

Wenn Ihre Schuldgefühle heftig sind, besteht die Gefahr, dass Sie Ihr Nein rückgängig machen, nur um diesem miesen Gefühl zu entkommen. Tun Sie es nicht, wenn Sie keine plausiblen Gründe haben. Man wird Sie nicht mehr ernst nehmen und demnächst Ihr Nein auf die gleiche Weise vom Tisch wischen. Außerdem verlieren Sie Ihre Selbstachtung, denn Sie wissen sehr wohl, dass Sie nur aus Angst und Unwohlsein nachgegeben haben. Ein Trost: Je öfter Sie Nein sagen, desto selbstverständlicher wird es Ihnen.

Grenzen zu setzen und konsequent Nein zu sagen, ist Übungssache. Von daher ist es nützlich zu überprüfen, wie weit Sie es in dieser Hinsicht schon gebracht haben und was es vielleicht noch zu entwickeln gilt. Hier können Sie das spielerisch testen.

Test: Wie gut können Sie sich abgrenzen?

So wird der Test gemacht

Versetzen Sie sich mit etwas Fantasie in die jeweilige Situation und kreuzen Sie an, was am meisten für Sie zutrifft.

TESTFRAGEN

Frage 1

Zum Geburtstag überreicht Ihnen eine Bekannte einen selbstgehäkelten Schal, den Sie hässlich finden, und schaut Sie erwartungsvoll an. Sie sagen:

- »Aber das wäre doch nicht nötig gewesen!« (D)
- »Lieb von dir, dass du dir solche Mühe gemacht hast.« (A)
- »Der ist dir ja super gelungen!« (C)
- »Wie schade, dass ich nur so selten Schals trage.« (B)

Frage 2

Ihre Eltern legten damals besonderen Wert darauf, dass Sie …

- sich bei anderen anständig benahmen. (A)
- gute Leistungen in der Schule zeigten. (D)
- gehorchten, wenn sie Ihnen etwas sagten. (C)
- früh selbstständig wurden. (B)

Frage 3

Stellen Sie sich die folgenden Situationen vor. Bei welcher fühlen Sie sich am wohlsten?

- Sie sammeln an einem einsamen Strand Muscheln. (C)
- Sie tanzen zu heißer Musik auf einer Party. (B)
- Sie diskutieren mit Freunden am Küchentisch. (A)
- Sie lassen sich bei der Kosmetikerin verwöhnen. (D)

Frage 4

Sie müssen sich wieder einmal eine Schneise durch die Wohnung schlagen, weil Ihre Lieben ihre Sachen überall verstreut haben. Was tun Sie?

- Nichts. Die sollen ihren Kram schön selbst wegräumen. (B)
- Ich raffe die Sachen zusammen und verstaue sie irgendwo. (D)
- Ich habe keine Lust, den Tag im Chaos zu verbringen, also räume ich die Sachen ordentlich weg. (C)
- Ich rühre nichts an und drohe ab sofort mit Konsequenzen, wenn sich das nicht ändert. (A)

Frage 5

Sie gehen mit einer Freundin shoppen. Vor dem Spiegel in der Umkleide finden Sie sich in dem Kleid super. Aber dann sagt Ihre Freundin: »Also, ganz ehrlich, das steht dir nicht.« Sie ...

- fragen: »Wieso denn nicht?« (A)
- widersprechen: »Mir gefällts aber.« (B)
- lassen die Finger vom Kauf. (C)
- überlegen es sich zunächst noch einmal. (D)

Frage 6

Natürlich tun Sie anderen gerne einen Gefallen. Kreuzen Sie bitte **alles** an, was Sie übernehmen würden:

- Ihre Kollegin hat einen Friseurtermin und bittet Sie, in der Zeit ihre Anrufe anzunehmen. (C)
- Sie und Ihre Freundinnen wollen einen Städtetrip machen. Eine muss die Flugtickets besorgen. (C)
- Ihre Nachbarin bittet Sie, übers Wochenende ihre Katze zu füttern. (C)
- Für eine Benefizveranstaltung müssen in Ihrem Wohngebiet Flyer an die Geschäfte verteilt werden. (C)

Frage 7
Welche Lebensweisheit können Sie am ehesten unterschreiben?
- Höre auf deine innere Stimme, sie sagt dir, was für dich gut ist. (A)
- Sei freundlich, denn wie du in den Wald hineinrufst, so schallt es heraus. (C)
- Erwarte nicht zu viel, dann kannst du immer angenehm überrascht werden. (D)
- Man kann es nicht jedem recht machen. (B)

Frage 8
In Ihrer Umgebung und weltweit gibt es viel Not und Ungerechtigkeit. Was tun Sie überwiegend dagegen?
- Ich spende regelmäßig für mindestens eine Hilfsorganisation. (A)
- Ich bin Mitglied einer Organisation wie Greenpeace oder Amnesty International. (D)
- Ich spende gelegentlich. Oder: Ich habe noch nicht die passende Organisation gefunden. (B)
- Ich arbeite ehrenamtlich in einem Verein. (C)

Frage 9
Besonders nervt Sie an manchen Frauen, dass sie ...
- das hilflose Weibchen spielen. (B)
- viel reden, aber wenig tun. (D)
- dauernd über irgendwelche Wehwehchen jammern. (C)
- sich immer in den Mittelpunkt stellen müssen. (A)

Frage 10
Feierabend. Zufällig entdecken Staub unter dem Sofa. Sie ...

- holen einen Putzlappen – und weg damit. (C)
- denken: »Da muss ich demnächst mal wischen.« (A)
- stört das nicht weiter. (B)
- nehmen sich vor: »Das mache ich morgen.« (D)

Testauswertung

Geben Sie sich für jedes
A = 2 Punkte
B = 1 Punkt
C = 4 Punkte
D = 3 Punkte
Zählen Sie Ihre Punkte zusammen. Ihr Ergebnis finden Sie unter dem entsprechenden Punktwert.

TESTAUFLÖSUNG

9 – 14 Punkte: Sie grenzen sich stark ab

Herzlichen Glückwunsch. Sie wissen, was Sie übernehmen wollen und was nicht in Ihr Aufgabengebiet fällt. Entsprechend klar ziehen Sie Grenzen und sagen Nein. Verständlich, dass Sie sich damit nicht nur Freunde machen. Besonders nicht bei denen, die vergeblich anfragen oder die es sich auf Ihre Kosten bequem machen wollen. Wie nachtragend die allerdings sind, hängt von der Form ab, mit der Sie Ihre Ablehnung verkünden. Es macht schon einen Unterschied, ob Sie sich harsch verweigern oder ob Sie liebenswürdig ablehnen. Sie tun sich selbst einen Gefallen, wenn Sie Ihr Nein freundlich so erläutern, dass Ihr Gegenüber es nachvollziehen kann. Achten Sie auch darauf, dass Sie nicht automatisch auf die Nein-Schiene geraten. Manchmal ist es nämlich sehr befriedigend, einen anderen Menschen zu unterstützen.

15 – 24 Punkte: Sie grenzen sich bewusst ab

Sie können beides gleichermaßen gut: Ja und Nein sagen. Dahinter steckt vermutlich Lebenserfahrung. Möglich, dass Sie in der Vergangenheit oft bedenkenlos zugestimmt haben und dann plötzlich vor einem Riesenberg Arbeit saßen. Daraus haben Sie gelernt. Inzwischen spielen Sie erst einmal im Kopf die Konsequenzen durch. Und wenn dabei ein Nein herauskommt, stehen Sie dazu. Umstimmen kann man Sie dann nur mit überzeugenden Gründen. Auch was das Übernehmen von zusätzlichen Aufgaben betrifft, sei es im Privat- oder im Berufsleben, reagieren Sie recht ausgeglichen. Spätestens wenn Sie Anzeichen von Erschöpfung wahrnehmen, sorgen Sie für eine Pause. Das ist langfristig die Garantie dafür, dass Sie gesund und locker bleiben.

25 – 33 Punkte:Sie grenzen sich variabel ab

Sie zeigen gute Ansätze, auch mal Nein zu sagen und sich nicht alles aufs Auge drücken zu lassen. Aber es funktioniert noch nicht so ganz. Immerhin merken Sie genau, wann und wo Sie zu nachgiebig sind oder zu viel übernehmen. Dann ärgern Sie sich über sich selbst und schwören sich, beim nächsten Mal konsequent zu bleiben und sich nicht mehr überreden zu lassen. Damit Ihnen das tatsächlich gelingt, sollten Sie die Fallen kennen, in die Sie mit Vorliebe tappen. Dabei geht es nicht darum, anderen die nötige Unterstützung zu verweigern, sondern gegen geschickte Manipulation immun zu werden. Wichtig ist dann allerdings, dass Sie notfalls die Folgen durchstehen, sonst nimmt man Sie demnächst nicht mehr ernst. Doch keine Sorge, so weit kommt es meist gar nicht, wenn Sie deutlich sagen, was Sie wollen.

34 - 40 Punkte: Sie grenzen sich zaghaft ab

Erst einmal ein dickes Lob: Sie fassen mit an, hören zu, fühlen sich verantwortlich, übernehmen auch ungeliebte Aufgaben. Ohne Ihre Hilfsbereitschaft und Unterstützung wäre Ihre Umgebung entschieden kälter. Deshalb geht es auch nicht darum, Ihr gutes Herz in einen Eisblock zu verwandeln, sondern darum, Ihr Engagement aufs Normalmaß zu stutzen. Ihnen fällt es schwer, Nein zu sagen, wenn man Sie um etwas bittet. Sie setzen nicht nur anderen wenig Grenzen, sondern auch sich selbst, indem Sie sich kaum Pausen gönnen. Die Frage ist, warum? Möchten Sie bei allen beliebt sein und fürchten, Ihr Gegenüber mit einer Ablehnung zu verprellen? Halten Sie am Bild der Powerfrau fest, die unendlich belastbar ist? Ihr Körpergefühl und Ihre Stimmung geben Ihnen verlässliche Signale, wann es für Sie Zeit ist, zurückzurudern. Hören Sie darauf.

Müssen Sie das aushalten?

Sich klar durchsetzen, Grenzen ziehen, Nein sagen – in guten Zeiten mag das vielleicht mühelos gelingen. Aber in jedem Leben gibt es Krisen und belastende Situationen, die starke innere Konflikte hervorrufen. Dann wissen wir nicht mehr, wie wir uns verhalten sollen. Wir sind hin- und hergerissen zwischen Verantwortung, unserem Pflichtgefühl oder dem Drang nach Sicherheit einerseits und andererseits dem Wunsch, für uns selbst körperlich und seelisch angemessen zu sorgen. Ein Zustand, der Sie in diese Zwickmühle bringt, kann so aussehen:

- Sie sind in Ihrer Partnerschaft unglücklich.
- Sie pflegen bis zur Erschöpfung einen Elternteil.
- Sie haben einen körperlich oder psychisch kranken Partner oder eine Partnerin.
- Sie sind in Ihrem Beruf unzufrieden, müssen aber Geld verdienen.
- Sie leiden unter einem narzisstischen Chef oder einer Chefin.
- Ihre Eltern oder Ihre Geschwister behandeln Sie schlecht.
- Ihre Kinder gehen respektlos mit Ihnen um.
- Sie befinden sich in einer herausfordernden engen Freundschaft.

Die Frage ist, ob Sie das aushalten müssen oder ob Sie sich deutlich distanzieren sollten. Es lohnt sich, gründlich darüber nachzudenken und auch ungewohnte Optionen zuzulassen.

Überprüfen Sie Ihre Einstellung

Es kann sein, dass Ihre Einstellung Sie dazu bringt, an etwas festzuhalten, das Sie unglücklich macht oder überfordert. Hier ist es wichtig, zwischen alten Glaubenssätzen und echten Werten zu unterscheiden. Haben Sie vielleicht aus früherer Zeit eine Ansicht übernommen, ohne sie jemals zu hinterfragen? Etwa, dass man an einem Eheversprechen festhalten muss, ob man glücklich ist oder nicht. Oder dass eine heile Familie ein unverrückbares Ideal ist. Halten Sie deshalb etwas aufrecht, obwohl es längst nicht mehr stimmt?

Etwas anderes ist es, wenn Sie einem Wert verpflichtet sind, dem Sie unbedingt treu bleiben möchten. Etwa, dass man als Paar oder in der Freundschaft auch in schweren Zeiten füreinander da ist. Wenn Sie in sich hineinhorchen, können Sie den Unterschied zu einem alten Glaubenssatz spüren. Werte gehen tiefer. Sie spüren Sie im Herzen, nicht im Kopf. Dann ist Bleiben eine Option. In dem Fall sollten Sie sich aber zumindest jede erdenkliche äußere und innere Unterstützung suchen.

Erweitern Sie Ihre Möglichkeiten

Eigentlich wissen Sie längst, dass Sie gehen müssten, doch äußere Umstände hindern Sie daran. Wirklich? Oft sind wir in unserer Vorstellung zu blockiert, um wahrzunehmen, dass es mehr Gelegenheiten gibt, als wir annehmen. Sie glauben etwa, Sie müssten in einer lieblosen Beziehung ausharren, weil Ihnen das Geld für eine eigene Wohnung fehlt. Oder Sie könnten Ihren frustrierenden Arbeitsplatz nicht verlassen, weil Sie anderweitig keine Chance haben. Doch das ist kein ehernes Gesetz. Bleiben Sie flexibel und offen. Überlegen Sie kreativ, wie Sie aus der Situation herauskommen können. Ich kenne eine Frau ohne eigenes Einkommen, die House-Sitting macht. Sie passt in Abwesenheit der Bewohner auf deren Wohnungen auf, damit sie nicht länger mit ihrem lieblosen Mann zusammenleben muss. Setzen Sie Ihrem Denken keine Schranken und lassen Sie sich gegebenenfalls über Möglichkeiten beraten.

Nehmen Sie andere in die Pflicht

Es stellt sich auch die Frage, ob Sie wirklich die Einzige sind, die eine bestimmte Aufgabe übernehmen kann. Kürzlich sprach ich mit einer Frau, die jeden Tag ihren behinderten Vater besucht, um nach dem Rechten zu sehen. Neben ihrem Beruf als Lehrerin ist sie damit völlig überlastet. Ihr Bruder und eine Schwester wohnen ebenfalls in der Nähe, sind aber nicht bereit, sich ebenso zu engagieren. Nehmen Sie Menschen in die Pflicht, die genauso zuständig sind wie Sie. Dringen Sie darauf, dass sie sich beteiligen. Und seien Sie nicht zu stolz, sich fachliche Unterstützung zu holen. Es ist keine Bankrotterklärung, wenn Sie zeitweilig Hilfe von außen in Anspruch nehmen.

Stoppen Sie Rettungsaktionen

Manche Überlastung entsteht, weil die Betroffenen glauben, sie müssten den Menschen in ihrer Nähe retten und schützen. Etwa den alkoholkranken Partner, der einen Entzug verweigert. Oder den betagten Elternteil, der halsstarrig nicht einsehen will, dass er nicht mehr allein wohnen kann. Hier gilt es, den Beteiligten ihre Selbstverantwortung zuzugestehen. Erwachsene Menschen sollten die Konsequenzen ihres Verhaltens tragen. Sie können sie unterstützen und sinnvolle Angebote machen, aber Sie müssen nicht alles für Ihre Schützlinge übernehmen, damit sie ihren schädlichen Zustand aufrechterhalten können.

Wenn Sie beschlossen haben zu gehen, passiert es leicht, dass man Ihnen Schuldgefühle macht. Sie werden als egoistisch oder kaltherzig beschimpft. Vielleicht droht man Ihnen sogar, Sie fertigzumachen oder finanziell zu ruinieren. Das ist oft der Fall, wenn die Trennung eine starke Kränkung für die verlassene Person bedeutet. Oder man macht Ihnen Angst, dass Sie nicht auf eigenen Füßen stehen können. Dass Sie nie wieder jemanden finden werden, der Sie so liebt. Lassen Sie sich davon nicht beeinflussen. Wenn Ihre Entscheidung gefallen ist, gehen Sie. Haben Sie Vertrauen darin, dass Sie in Zukunft glücklicher werden. Das liegt in Ihrer Hand.

EINE VISION ZUM ABSCHIED

Liebe Leserin, liebe Freundin,

wenn Sie hier angelangt sind, dann haben Sie sich intensiv damit beschäftigt, wie Sie Ihre Souveränität vergrößern können. Vielleicht hatten Sie beim Lesen ein Aha-Erlebnis und sahen etwas in anderem Licht als bisher. Eine Methode hat Sie angesprochen, sodass Sie sie anwenden wollen. Oder Sie haben neues Verhalten ausprobiert. Wo immer Sie stehen, jetzt ist es an der Zeit, Ihren persönlichen Fortschritt zu würdigen und einen tieferen Blick auf Ihre Möglichkeiten zu werfen. Haben Sie Lust, aus diesem Anlass eine kleine Fantasiereise zu machen? Dann schließen Sie bitte die Augen und lassen Sie sich darauf ein:

Sie befinden sich in einer wunderbaren Landschaft, die Sonne scheint durch das grüne Laub der Bäume, Vögel zwitschern. Sie sitzen ganz entspannt auf einer Bank. Von Weitem sehen Sie eine Frau, die immer näher auf Sie zukommt. Ihre Haltung ist aufrecht, ihr Gang beschwingt. Schließlich steht sie vor Ihnen und lächelt Sie an: »Erkennst du mich nicht? Ich bin dein Souveränes Ich«. Verwundert reiben Sie sich die Augen. Sie fährt fort: »Dass ich so bin, wie du mich heute siehst, habe ich dir zu verdanken. Du hast immer gewusst, dass diese wunderbaren Eigenschaften in mir stecken und dass ich die Energie habe, sie zu entfalten. Ich weiß, es war nicht immer leicht für dich, mir das zu vermitteln. Wenn ich nur daran denke, wie enttäuscht du warst, wenn ich wieder in alte Muster zurückgefallen bin oder nicht an mich geglaubt habe. Aber du hast nicht aufgegeben. Beharrlich hast du meine Veränderung gefördert. Dein Mut, deine Disziplin und dein fester Wille haben sich übertragen und hatten schließlich Erfolg.

Erinnerst du dich noch daran, wie ich war, bevor du dich für mich eingesetzt hast? Und jetzt sieh mich an, wie weit ich es gebracht habe. Ich strahle, ich fühle mich schön und lebendig. Nun bin ich gekommen, damit wir das Erreichte feiern.« Ihr Souveränes Ich ergreift Ihre Hand und führt Sie zu einem Festplatz. Dort sehen Sie viele Frauen, die lachen und tanzen. Sie heißen Sie willkommen. »Jetzt ist unsere Zeit!«, rufen sie. »Wir zeigen endlich, wer wir wirklich sind und was wir können, und geben es weiter an unsere Töchter und unsere Enkelinnen.« Glücklich tanzen Sie mit den Frauen und spüren: Sie und Ihr Souveränes Ich sind eins.

Bitte öffnen Sie nach der Visualisierung wieder Ihre Augen. Reiben Sie Ihre Hände und Ihre Ohren, um aus einer leichten Trance wieder in der Gegenwart anzukommen. Wie war es? Vielleicht hat Ihnen diese Fantasie widergespiegelt, wie weit Sie es bereits gebracht haben. Oder Sie hat Ihnen einen Vorgeschmack auf das gegeben, was Sie noch erreichen können. Das passende Werkzeug haben Sie jedenfalls in Ihrem mentalen Handwerkskoffer und ich bin sicher, dass Sie es jederzeit klug anwenden. Dazu wünsche ich Ihnen von ganzem Herzen Erfolg!

Ihre Eva Wlodarek

Literatur

Bernatzeder, Petra: Mentale Intelligenz. Wie Sie die Kraft Ihrer Gedanken zielgerichtet nutzen. Weinheim 2022

Etrillard, Stephane: Prinzip Souveränität. Als souveräne Persönlichkeit sicher entscheiden und handeln. St. Gallen, Zürich 2014

Fabritius, Friederike, Hagemann, Hans Werner: Neuro-Hacks. Gehirngerecht und glücklicher arbeiten. Frankfurt 2021

Oettingen, Gabriele: Die Psychologie des Gelingens. München 2017

Rhimes, Shonda: Das Ja Experiment. Wie ein kleines Wort dein Leben verändern kann! München 2016

Rydall, Derek: Entfalte die Kraft deines Seelenplans. Die eigene Lebensaufgabe finden und verwirklichen. München 2017

Wlodarek, Eva: Nimm dir die Freiheit, du selbst zu sein. So entfalten Frauen ihr wahres Potenzial. München 2021